Unterwegs nach Ostern

~

Eine Reise durch die Fasten- und Osterzeit

Wolfgang M. Ullmann

Unterwegs nach Ostern

~

Eine Reise durch die Fasten- und Osterzeit

paulinus

Inhalt

Einleitung

Ostern kündigt sich lange vor dem Ereignis an und gibt uns 40 Tage Zeit, um anzukommen. Selbst Jesus machte seine Jünger bereits drei Mal im Vorfeld darauf aufmerksam, dass seine Leidenszeit, aber auch seine Auferstehung in Kürze anstehen würde.

Heute wissen wir, dass diese Worte tatsächlich wahr wurden und das Unmögliche gegen jede rationale Erklärung nun Tatsache ist. Jesus bezwang den ärgsten Feind des Menschen: den Tod.

So ist es kein Wunder, dass die Leute damals der festen Überzeugung waren, der Leichnam Jesu sei von irgendjemandem gestohlen worden, damit man diese ungehörige Neuigkeit in die Welt setzen könne. Weit gefehlt. Und Jesus hat sich den Menschen damals als Auferstandener wieder gezeigt.

Ostern besitzt eine besondere Strahlkraft. Vielleicht geht sie direkt vom Morgen des dritten Tages aus, an dem die Frauen nur noch das leere Grab vorgefunden hatten und ein Engel Gottes ihnen übermittelte, dass Jesus von den Toten auferstanden ist (vgl. Mt 28,1-8).

Nach der Dunkelheit und dem Schatten des Leidens, Sterbens und des Todes bringt das Morgenlicht nun wieder Leben zurück. Es nährt die Hoffnung, die wie regungslos erstarrt vor Kummer und Sorgen, vom frischen Puls des Lebens wieder erweckt wird.

Wie sollen wir mit diesen Ereignissen zurechtkommen, wenn wir uns nicht vorher damit auseinandersetzen?

In der Fastenzeit können wir uns auf den Weg hin nach Ostern aufmachen, an verschiedenen Stationen halten, mit anderen ins Gespräch kommen, unsere Wohnungen

und Herzen darauf vorbereiten, dass sich unser Leben mit Jesu Auferstehung von Grund auf ändern kann.
Heute würden wir diese Möglichkeit mit dem Wort „Change“ beschreiben und ja, diese Veränderung ist mit Jesu Unterstützung für jeden von uns möglich.
Dieses Buch möchte seinen Leser durch die Fasten- und Osterzeit hindurch begleiten und eine gute Einstimmung für Jesu „Ja“ zu uns Menschen sein. Ich wünsche Ihnen nun eine interessante Reise und den guten Geist Jesu, der Sie in diesen Wochen begleiten möge.

Ihr Wolfgang M. Ullmann

Ostern

fühlt sich an wie Frühling.
wie eine Zeit des Erwachens.
Die Monate der verloren geglaubten Farben
gehen vorüber.
All das, was als tot galt, wird nun von neuem
Leben beseelt.
Modrige Gerüche steigen ein letztes Mal auf.
Frische Triebe und Blüten versprühen ihren betörenden
Duft von Leben.
Bienen werden angezogen.
Leben zeigt sich wieder.
Gottes Schöpfung wird millionenfach sichtbar ...

Hinein in die Fastenzeit: das Aschenkreuz

Karneval gilt im Volksmund als die fünfte Jahreszeit und in mancher Faschingshochburg wird der 11. November als Beginn dieser Narrenzeit schon lange sehnlichst herbeigewünscht.
Da lässt sich doch die Frage stellen, warum diese schöne Zeit des Lachens und der Freude nicht ständig herrschen sollte? Andererseits kann man auch sagen, dass der Aschermittwoch alljährlich diesem Treiben ein abruptes Ende bereitet.

Aber im Grunde ist das auch gut, denn wie die Heilige Schrift bereits im Buch Prediger 3,1 sagt: *„Alles hat seine Stunde. Für jedes Geschehen unter dem Himmel gibt es eine bestimmte Zeit.“* Wenn wir unentwegt feierten, würden wir den Sinn dafür irgendwann einmal verlieren, denn dann würden wir die anderen Zeiten, die wir mit Leben ausfüllen müssen, nicht mehr beachten.

Der Besuch des Gottesdienstes am Aschermittwoch lässt die Namensgebung dieses Tages sehr gut erkennen. Nach alter Tradition der Kirche rieseln die Priester auf die Köpfe der Gläubigen ein Kreuz aus Asche und sprechen währenddessen jeweils folgenden Satz: „Bedenke Mensch, dass du Staub bist und wieder zum Staub zurückkehren wirst!“

Das klingt sicherlich wie eine Ermahnung, aber letztlich tut es ja recht gut, sich wieder einmal darauf zu besinnen, woher wir denn gekommen sind und wohin uns unsere Reise einmal führen wird, wenn wir unser hiesiges Leben geführt haben.

Wir werden also gleich zu Beginn der Fastenzeit mit unserer Endlichkeit konfrontiert und zum Nachdenken angeregt.

Gut ist, dass wir uns alle in der gleichen Situation befinden, auch wenn wir ein unterschiedlich langes Leben auf der Erde geschenkt bekommen.

So können wir uns fragen:

- Was bedeutet diese Endlichkeit für mich?

- Wenn ich heute einmal überdenke, was ich bislang getan und erlebt habe, wie geht es mir dabei?

- Wenn ich die Möglichkeit hätte, einen Richtungswechsel in meinem Leben zu vollziehen, bräuchte ich diesen überhaupt und falls ja, wohin würde mich die neue Richtung führen?

„Alles hat seine Zeit“ und „denke einmal über dich nach“ – zwei Eckpunkte des Aschermittwochs, die uns einladen, die bevorstehenden Wochen der Fastenzeit wahrzunehmen und Antworten dafür zu finden, die wir am Ostermorgen benennen können, um unsere Schlüsse daraus zu ziehen dann, wenn Jesu Licht für uns aufstrahlt und wir dem Auferstandenen zurufen: Jesus lebt!

Warum also fasten?

Nun stellt sich die Frage, warum und auch auf welche Weise wir fasten können.
Vielleicht kommt dem einen oder der anderen dieser „Zwang“ ganz recht, denn man hätte schon lange die aufgeschobene Diät beginnen sollen, um endlich wieder abzunehmen. Und ja, wenn die Fastenzeit dazu verhelfen kann, dann wäre das bestimmt nicht verkehrt, sie entsprechend als Anlass zu nehmen.
Im Fasten werden wir fokussiert und konzentrieren uns auf unsere Person. Wir möchten uns trainieren, mit einer bestimmten Art von Enthaltung unserem Körper und Geist etwas Gutes zu tun.
Als sich Jesus vierzig Tage in der Wüste aufhielt, hatte er nichts gegessen und während der Zeit der Versuchungen konzentrierte er sich auf seine Person und wie er nach Gottes Gesetzen handeln solle (vgl. Lk 4,1-14).

Es wird überliefert, dass der Geist Gottes ihn in dieser Zeit begleitet habe. Da Jesus uns diesen Geist auch als unseren Begleiter zugesprochen hat, werden wir unsere Fastentage und -wochen ebenso mit diesem Rückhalt meistern.

Wir Menschen lieben unsere Gewohnheiten, die sich allzu schnell bei uns einnisten und so müssen wir uns erst einmal auf eine neue einstellen. Jesus sagt in der Nacht vor seinem Leiden: *„Der Geist ist willig, aber das Fleisch ist schwach."* (Mt 26,41)

Er weiß, dass wir ein wenig Zeit benötigen, uns auf eine neue Situation einzulassen, und er führt uns vor Augen, nicht nachzulassen und unser Wollen mit einem festen Willen in die Tat umzusetzen. Sein Heiliger Geist hilft uns dabei.

Auf welche Weise wir fasten, liegt an uns. Oft nehmen wir unsere Angewohnheiten, die uns sehr lieb und teuer sind, kritisch unter die Lupe, ob denn eine Enthaltung oder Einschränkung in der Tat eine Art Bußwerk aber auch gleichermaßen Befreiung sein kann.

Für denjenigen, der sich auf sein tägliches Glas Wein freut, wird der Verzicht auf Alkohol jeden Tag präsent. Für alle, die sich entscheiden, ihren Medienkonsum oder die Benutzung ihres Smartphones einzuschränken, wird dieses Fehlen ungewohnte freie Zeit mit sich bringen, die letztlich anders gefüllt werden möchte.

Und hier kommt ein weiterer Sinn des Fastens zum Vorschein: Indem wir Liebgewonnenes oder Zeitfressendes zurückhalten, können wir diese Minuten und Stunden anders nutzen. Es kann die verstärkte Kommunikation mit dem Partner sein, die Chance, statt auf dem Sofa zu sitzen nun einen Spaziergang in der Natur zu unterneh-

men, um dabei auf ganz neue Gedanken zu kommen. Und vielleicht dient die Fastenzeit auch dazu, diesen Satz, dass wir alle aus Staub seien, in meine Lebenssituation zu übertragen und zu überlegen, welchen Einfluss er auf mein weiteres Denken und Handeln besitzt.
Fasten, weil wir uns, unserem Körper und Geist durch Verzicht etwas Gutes tun.
Fasten, weil wir die Chance bekommen, die Komplexität mancher Lebensbereiche und Angewohnheiten zu reduzieren, um dadurch Freiräume für uns zu schaffen.
Fasten, weil wir so auf diese Weise sensibel für uns selbst werden und zum Reflektieren und Nachdenken angeregt werden.
Fasten, weil wir dann Gottes Nähe intensiver spüren können und mehr Zeit für das Gespräch mit ihm haben.
Falls das Fasten aber trotzdem nicht gelingen will, sollten wir es nicht um jeden Preis durchziehen, oder den Fastengegenstand neu bestimmen.
Jesus sagt einmal über die Fastenden:

„Wenn ihr fastet, macht kein finsteres Gesicht wie die Heuchler. Sie geben sich ein trübseliges Aussehen, damit die Leute merken, dass sie fasten. Amen, das sage ich euch: Sie haben ihren Lohn bereits erhalten.
Du aber salbe dein Haar, wenn du fastest, und wasche dein Gesicht, damit die Leute nicht merken, dass du fastest, sondern nur dein Vater, der auch das Verborgene sieht; und dein Vater, der das Verborgene sieht, wird es dir vergelten.“ (Mt 6,16-18)

Fasten heißt sodann für uns, nicht um anderer Willen, sondern für uns und für unseren himmlischen Vater. Vielleicht ist dieser Aspekt auch ganz gut, um ihn zu berücksichtigen.

Was Bier mit Fasten zu tun hat

Nun gibt es zahlreiche Menschen, die in den 40 Tagen der Fastenzeit auf ihr geliebtes Glas Bier verzichten und diese Einschränkung durchhalten und dann werden wir allerdings gerade in jenen Wochen mit besonderen Fastenbieren wieder zum Alkohol herangeführt. Das klingt doch paradox, oder?
Ja, das ist es auch!
Gerade das Fastenbier stellt durch seinen erhöhten Alkoholgehalt eine gute Grundlage dar, um mittels der erhöhten Energieaufnahme durch das Bier die dank des Fastens verlorene wieder auszugleichen.
Angeblich ließen bayerische Mönche ihr Fastenbier im frühen Mittelalter durch einen päpstlichen Nuntius nach Rom schicken, damit sich der Papst selbst ein Bild von diesem Fastengetränk machen konnte. Flüssige Nahrung sei damals vom Fasten ausgenommen gewesen. In der Tat war die damalige Reise von Bayern über die Alpen recht beschwerlich und bis das Bier letztlich verkostet werden konnte, war es übergegangen und so kam es, dass der Papst den Genuss jenes Fastenbieres an sich schon als Bußwerk verstand.
Letztlich war es ein Trick, um Bier in der Fastenzeit salonfähig zu machen. Neben einem bis heute sehr lukrativen Geschäftszweig und einer Einnahmequelle erfreut

sich die Fasten- und Bockbierzeit sehr großer Beliebtheit. So kann es ohne große Gewissensbisse getrunken werden, da die Zustimmung aus Rom ja den Weg dafür geebnet hat ...

Gebet zur Fastenzeit

Herr, vor uns liegen 40 Tage, die uns auf Ostern hinführen werden. Wir alle gehen unsere täglichen Wege und sind eingespannt in unseren Alltag, der viel Aufmerksamkeit und Energie abfordert.
Lass uns immer wieder inne halten und zum Nachdenken kommen, welch große Bedeutung dein Leiden, Tod und deine Auferstehung für uns Menschen hat.
Du holst uns ab auf den Pfaden, auf denen wir gerade gehen. Gib uns die Pausen, die wir benötigen, um zu uns selbst zu kommen, damit wir mit offenen und freien Herzen die Ostertage empfangen können.
Gehe du uns voran, damit wir unser Ziel nicht verfehlen und uns verirren.
Wir danken dir, dass du das Licht der Welt bist und es vor allem mit dem Hereinbrechen des Ostermorgens wieder offenbaren wirst.
Amen.

Vorboten des Frühlings

Ostern ist das Fest des Lebens. Überall können wir in diesen Tagen die Vorboten des Frühlings wahrnehmen. Das alte Abgestorbene und Farblose wird ersetzt von neuen Knospen, Blüten und jungen Trieben an Bäumen und Sträuchern. Die Natur bietet uns ein wunderbares lebendiges Farbenspiel. Grün-satte Blätter schicken sich an, sich zu entwickeln, die Magnolien entpuppen ihre zahlreichen weiß-rosa Blüten, die Forsythien leuchten in intensiven Gelbtönen und die Pfirsichbäumchen schicken sich an, in zartem Rosa die ersten Bienen anzulocken.
Aus diesem Erwachen der Natur hat sich das Brauchtum herausgebildet, etwas von diesem „Lebendig-Werden“ in die Wohnungen und Häuser zu holen. So werden gerne die Zweige der Forsythien, noch bevor sie ausgetrieben haben, in das warme Wohnzimmer gestellt und mit bunten Ostereiern jeglicher Art, von bemalt bis gehäkelt, behängt. So dauert es nicht lange bis die im Wasser baden-

den Zweige, von der Wärme des Wohnraums angeregt, beginnen, ihre Blütenpracht zu entfalten. Ein Brauch, der zeigt, dass aus zunächst leblosem Gezweig nach und nach Leben hervorkommen kann, und die Bewohner somit auf dem Weg hin zu Ostern begleiten kann.

Eier ausblasen und anmalen

Wem die Zeit fehlt, der geht heute einfach in ein Geschäft und kann zwischen einer Vielzahl unterschiedlicher Deko-Eier in allerlei denkbaren Ausgestaltungen, Materialien und Formen fündig werden und als Schmuck für den Osterstrauß zuhause kaufen.
Im anderen Fall greift auch hier ein schöner Brauch, dem vor allem Kinder mit viel Freude nachgehen.

So geht es:

Die rohen Eier vorher mit warmen Wasser und etwas Spülmittel abwaschen und somit reinigen. Mit einer mittleren Nadel werden jeweils das obere und untere Ende des Eies vorsichtig aufgestochen und so ein Loch geöffnet. Auf der Unterseite des Eis wird das Loch ein wenig größer gestochen, damit das Eigelb auch gut herauslaufen kann. Nun wird von oben gepustet, bis Eiweiß und -gelb unten hinausfließen. Anschließend wird das Innere des Eis mit warmem Wasser ausgespült, bis es sauber von Rückständen ist.

Und schon kann die Eihülle ganz nach Belieben mit Finger- oder Wasserfarben bemalt oder auch mit Stickern beklebt werden.
Zum Aufhängen am Osterstrauch benötigt man nun noch ca. einen Zentimeter eines Zündholzes, an das eine dünne Schnur oder ein Woll- oder Garnfaden angebracht ist. Das Zündholzstückchen wird oben in das Loch eingefädelt und im Inneren in die Waagrechte gebracht. Und schon wird aus noch leeren Forsythienzweigen ein individueller und bunter Strauß, der uns Ostern ankündigt.

1. Leidensankündigung Jesu

„Dann begann er, sie darüber zu belehren, der Menschensohn müsse vieles erleiden und von den Ältesten, den Hohenpriestern und den Schriftgelehrten verworfen werden; er werde getötet, aber nach drei Tagen werde er auferstehen. Und er redete ganz offen darüber.“ (Mk 8,31-32)

„Warum sagt Jesus so etwas?“, werden sich seine Jünger ungefähr gedacht haben und Simon Petrus wollte diese Worte schon gar nicht hören. Das könne überhaupt nicht sein, dass seinem Herrn und Meister so ein Ende bevorstehen würde. Er baut auf diesen Jesus, der schließlich als der Messias, der Retter der Welt angekündigt wurde, und dem er sich ja auch schließlich angeschlossen hatte, um bei ihm sein zu können. Er wusste, dass Jesus Charisma hatte, unglaubliche Wunder vollbrachte und, ja, dass er Gottes Sohn war.

Was sollten dann diese Worte Jesu? Aber Jesus weist ihn zurecht; er sagt ihm, dass es nicht auf menschliche Maßstäbe ankommt, sondern einzig und allein auf den Willen Gottes. Und Jesus würde sich dem Willen Gottes, den Worten der Schrift nach, fügen, damit wahr werden würde, dass Gottes Verheißungen tatsächlich sind und sich alle Menschen darauf blind verlassen können.
Jesus initiiert hier einen Umdenk- und Lernprozess, den er bei seinen Jüngern beginnt. Er stimmt sie langsam auch in aller ungeschönten Härte auf die baldige Zukunft ein. Es wird nichts bleiben wie es ist.
Denken wir dabei einmal an uns. Wir lieben unser Gewohntes und unsere Sicherheiten. Wie freuen uns, wenn wir unser Leben einfach gut führen können, und wenn wir dabei noch glücklich sind, noch viel mehr. Und dann wird alles über Bord geworfen und soll sich ändern. Dann haben wir, wenn wir nicht das Abenteuer und das Risiko suchen, ganz schön zu knappern, was hier so auf uns einströmen wird.
So schnell kann es gehen. Gerade eben feiern wir das Leben mit dem Messias und übermorgen wird er schon nicht mehr leben.
Dass Jesus bereits seine Auferstehung erwähnt, wird noch nicht wahrgenommen; vielleicht ist es noch zu weit weg oder fern ab von allen Möglichkeiten. Man wird sehen ...

Gedanken im Frühling

Wie würde ich mein Leben beschreiben, wenn ich es mit einem anbrechenden, aufblühenden Frühling gleichsetzen wollte?
Vielleicht würde jetzt so mancher sagen, dass sein Leben so rein gar nichts Frühlingshaftes mehr beinhaltet und die letzten Anflüge von Frühlingsgefühlen, welcher Art auch immer sie gewesen sein mögen, schon weit zurückliegen würden.
Doch so eine Einstellung würde ich sofort wegwischen.
Mit jedem neuen Gedanken, mit jedem guten Gespräch erzeugen wir frische Impulse, gestalten Beziehungen und geben diesem einen allein für unser Denken Raum zum Wirken und zur Entfaltung. Vielleicht erleben wir in unserem Alltag mehr Frühlingshaftes, als wir uns vorstellen können. Und oft sind es doch die kleinen, noch ganz unscheinbaren Triebe und Knospen, die wir noch gar nicht bemerken, weil sie nicht oder noch nicht ins Auge fallen. Und hier kommt das besondere Wirken des Frühlings zur Geltung: Freue dich über den noch so kleinen Funken von Leben, den du in deinem Alltag wahrnehmen darfst. Picke dir diejenigen heraus, die dich neugierig machen und die du pflegen willst, damit sich etwas Neues und vielleicht nie geahnt Großartiges daraus entwickeln kann. Dazu passen die Zeilen des Liedes „Ins Wasser fällt ein Stein“ nach der Melodie von Kurt Frederic Kaiser und dem aus dem Englischen übersetzten Text von Manfred Siebald mit dem Originaltitel „Pass it on“:

Ins Wasser fällt ein Stein, ganz heimlich, still und leise; und ist er noch so klein, er zieht doch weite Kreise. Wo Gottes große Liebe in einen Menschen fällt, da wirkt sie fort in Tat und Wort hinaus in uns're Welt.

Ein Funke, kaum zu seh'n, entfacht doch helle Flammen; und die im Dunkeln steh'n, die ruft der Schein zusammen. Wo Gottes große Liebe in einem Menschen brennt, da wird die Welt vom Licht erhellt; da bleibt nichts, was uns trennt.

Nimm Gottes Liebe an. Du brauchst dich nicht allein zu müh'n, denn seine Liebe kann in deinem Leben Kreise zieh'n. Und füllt sie erst dein Leben, und setzt sie dich in Brand, gehst du hinaus, teilst Liebe aus, denn Gott füllt dir die Hand.

Nachfolgen

Ostern bereitet in unnachahmlicher Weise auf das Nachfolgen vor. Jesus gibt uns hierfür wertvolle Instruktionen:

„Er rief die Volksmenge und seine Jünger zu sich und sagte: Wer mein Jünger sein will, der verleugne sich selbst, nehme sein Kreuz auf sich und folge mir nach." (Mk 8,34)

Jesus nachzufolgen heißt letztlich, ihm in dem himmlischem Reich seines Vaters irgendwann einmal wieder zu begegnen. Er ging uns voraus, da seine Zeit auf der Erde begrenzt war, aber er verließ uns nicht, bevor er uns alle Informationen hinterlassen hatte, die wir wissen müssen, um ihm nachzufolgen.
Nachfolge bedarf einer bestimmten Portion an Motivation – denn wenn Jesus sagt, dass wir hierfür unser Kreuz

auf uns nehmen müssen, tja, dann heißt das: Wir werden immer wieder auch die Last auf unserem Rücken spüren – zum Beispiel in Form von Anfeindungen, Ausgrenzungen und Entbehrungen. Ihm nachzufolgen beinhaltet kein automatisches VIP-Ticket für die Annehmlichkeiten des Lebens. Das kennen wir nur zu gut aus den Lebensgeschichten der bekannten Märtyrer und all derjenigen, die aufgrund der Nachfolge und der Liebe zu Jesu wegen verfolgt und umgebracht wurden und immer noch werden. Wir können glücklich sein, wenn wir unsere Nachfolge laut aussprechen und unserer Leben daran ausrichten können.
Dieses Kreuz stand zunächst für Tod, aber auch für Vergebung und ganz eindringlich für die Auferstehung. Gehen wir diesen Weg des Friedens und der Versöhnung. Reichen wir uns gegenseitig die Hand, begegnen wir uns alle mit Respekt und in Würde. Nehmen wir uns gegenseitig die Last vom Rücken, wenn sie zu schwer werden sollte, und tragen wir aber auch gemeinsam all das Stärkende, die Kraft und die Liebe, die von diesem Kreuz ausgeht, und bauen so an einer Welt, damit sie für uns alle lebenswert wird.

Umkehr und Versöhnen

Jesus sagte einmal zu den Menschen, die versammelt und dabei entschlossen waren, eine Person, die einen Fehler begangen hatte, zu bestrafen, folgendes:

„Wer von euch ohne Sünde ist, werfe als Erster einen Stein auf sie.“ (Joh 8,7)

Im Grunde haben wir hier eben einen recht passenden Satz für unsere Gedanken auf dem Weg hin zu Ostern gelesen.
Was heißt das nun, ohne Sünde zu sein?
Wenn wir zum Wort Sünde einmal den Duden (www.duden.de) befragen, erhalten wir folgende drei Erklärungen:

- Übertretung eines göttlichen Gebots.

- Zustand, in dem sich jemand durch eine Sünde oder durch die Erbsünde befindet.

- Handlung der Unvernunft, die nicht zu verantworten ist; Verfehlung gegen bestehende moralische Normen.

Unweigerlich denken wir sofort an die göttlichen zehn Gebote, die Mose damals für uns auf dem Berg Sinai direkt von Gott empfangen hat. Wenn wir uns einmal das Thema Nicht-Lügen anschauen, dann können wir nach mehr oder weniger wissenschaftlich überprüften Studien oder sonstigen gesicherten Quellen zu diesem Gebiet recherchieren und werden feststellen, dass wir im Durchschnitt zwischen fünf und sogar bis zu 200 Mal am Tag dazu verleitet werden, zu lügen. Dabei werden sowohl leichte wie schwerwiegendere Lügen zusammengefasst. Allein die Antwort „gut" auf die Frage, wie es einem geht, wird hier dazu gezählt, wenn ich mich so äußere, aber ich mich im Grunde gar nicht wohl fühlen würde.

Wie auch immer die „Lügenquote" bei uns aussieht, allein hier ließe sich ableiten, wie oft wir täglich Gottes Gebot übertreten und somit sündigen.

Also kommt Jesu Aussage, wer ohne Sünde ist, der darf jemand anderen bestrafen für sein Vergehen, mitten in unserem Leben an – damals wie heute.

Manchmal sagen wir etwas, um andere schneller los zu werden, weil wir keine Zeit haben, uns ein Thema unangenehm ist, wir jemanden nicht mögen oder gar gedankenlos sind; es gibt unzählige Gründe für unsere kleinen und großen Lügen. Und hier sprechen wir gerade über nur eines von Gottes Geboten, die wir nicht unbedingt einhalten.

In der Tat legt Gott die Messlatte mit seinem Normenkatalog recht hoch. Da müssen wir schon das Unsere dazutun, dass wir im mittleren Bereich bleiben.

Letztlich, so berichtet uns die Bibel, gab es nur einen Menschen, der wirklich ohne Sünde gelebt hat: Jesus.

„Ihr wisst, dass er erschienen ist, um die Sünde wegzunehmen, und er selbst ist ohne Sünde." (1 Joh 3,5)

Jesus kann uns also Maßstab und Vorbild sein. Er hilft uns, umzukehren. Mit ihm gelingt es uns, den richtigen Weg wieder zu finden und einzuschlagen. Die Modelleisen- oder Carrera-Rennbahnfans kennen das Problem: Eine Weiche funktioniert nicht richtig und schon entgleist der Zug oder ich habe mein Carreraauto zu schnell in die nächste Kurve geschickt und das kleine Wägelchen liegt neben der Strecke. Dann gehen wir zu der entsprechenden Stelle, greifen uns Lok, Wagon oder Auto und setzen sie wieder an die passende Stelle, damit alles seinen richtigen Gang gehen kann. Vielleicht können wir diesen Vergleich auf Jesus und uns übertragen. Mit Jesus komme ich wieder in die Spur, kann wieder starten und komme ins Laufen.
Er hilft mir umzukehren und dabei auf mich sowie auf andere zu schauen. Den Fehler, den ich bei anderen bemerke, den habe ich vielleicht selbst schon einmal so begangen. Umkehren heißt auch immer, bereit zu sein zur Versöhnung.
„Warum siehst du den Splitter im Auge deines Bruders, aber den Balken in deinem Auge bemerkst du nicht?" (Mt 7,3)

Die Bibel hält uns immer wieder an, uns zu reflektieren und uns selbst aus einer Metaebene anzuschauen. Bei diesem Perspektivenwechsel erhalten wir einen guten Überblick über unsere Person, wie wir denken und handeln.
Es ist gut, wenn wir uns mit anderen versöhnen, denn auch wir wollen, dass andere auf uns zugehen, wenn wir uns entfernt haben. Leben ist Geben und Nehmen. Umkehr und Versöhnung. Zusammensein mit Gott.

Das Ei – ein Symbol für Leben

Was für uns heute als selbstverständlicher Brauch gilt, war bereits im alten Ägypten weit verbreitet. So sah man das Ei als Sinnbild für Leben und sogar als Ursprung der Welt an.
Und es lässt sich ja schließlich sehr gut nachweisen. Im Schutz der harten Eischale reift langsam neues Leben darin heran und zerstößt im letzten Entwicklungsstadium letztlich die umschließende Kalkhülle, die in vielen kleinen Stückchen zurückgelassen wird. Das neue Leben geht nun hervor und lässt Altes, ja Abgestoßenes hinter sich.

So entdeckte die Kirche mit der Zeit diese Symbolik auch für sich, wodurch das Bild des Eies unzertrennlich mit unserem Osterfest verknüpft wurde.

Wir sagen damit auf einem weiteren Weg die frohe und aufregende Botschaft von der Auferstehung Jesu von den Toten weiter. Wir beschenken uns gegenseitig mit bunten, gekochten Eiern und geben dieser Freude damit weiteren Ausdruck.

Und in der Tat ist es clever, dass wir uns solcher Symbole bedienen, denn sie wirken wie Verstärker und können auf weiteren Kanälen neben der frohen Botschaft und den liturgischen Feierlichkeiten der Ostertage vielfach in die Häuser und in die Gedanken der Menschen hinauswirken. Das Alte ist vergangen und wir haften dem Vergangenen noch an, weil wir es lieb gewonnen haben, aber wir wissen auch, dass alles auf dieser Erde dem ständigen Prozess aus Entstehen, Leben und Vergehen folgt. Aber die Qualität des Neuen an Ostern ist von einer ganz anderen Dimension – einer, die das Vergehen und das Sterben nicht mehr kennt. Es ist der Aufbruch in die Ewigkeit, der Beginn eines komplett neuen Lebens, an dem wir dank Jesus einmal teilhaben werden. Und diese unsagbare Freude dürfen wir verspüren, wenn wir so ein kleines, buntes, gekochtes Ei in unserer Hand betrachten, bevor wir die Schale davon entfernen ...

Warum wir Eier färben

Heute kennen wir es nicht anders, als dass wir an Ostern entweder Eier kochen und sie selbst färben oder sie in jeglicher Art von Schokolade oder Marzipan kaufen können. Eier selbst zu färben ist eine schöne Familientradition

geworden, bei der sich vor allem die Kinder kreativ austoben und ihrer Malfantasie freien Lauf lassen können.
Das Eierfärben kam in unserem Kulturkreis im Mittelalter auf. Da in der Fastenzeit das Essen von Eiern untersagt war, aber die Hennen natürlich weiterhin Eier legten und es keine ausreichenden Kühlmöglichkeiten gab, kochten die Leute die Eier einfach ab, um sie länger haltbar zu machen. Damit die gekochten von den rohen Eiern besser zu unterscheiden waren, wurden sie rot eingefärbt.
Die rote Farbe sollte ein Symbol für das vergossene Blut Jesu darstellen und so auf Ostern hinweisen. Diese Farbsymbolik hat heute allerdings keine große Bedeutung mehr. Aufgrund der Fülle an bunten Farben spiegelt sich hier nun das mannigfache frische Leben in den Farben wider.

2. Leidensankündigung Jesu

„Sie gingen von dort weg und zogen durch Galiläa. Er wollte aber nicht, dass jemand davon erfuhr; denn er wollte seine Jünger über etwas belehren. Er sagte zu ihnen: Der Menschensohn wird den Menschen ausgeliefert und sie werden ihn töten; doch drei Tage nach seinem Tod wird er auferstehen. Aber sie verstanden den Sinn seiner Worte nicht, scheuten sich jedoch, ihn zu fragen.“
(Mk 9,30)

„Was um Himmels Willen möchte er uns damit nur sagen?“ So könnten einige der Jünger, aber genauso auch wir heute, gedacht haben. Schon zum wiederholten Male erzählt er, dass er getötet werde und im gleichen Atemzug fügt er außerdem noch hinzu, dass er wieder auferstehen

würde. Was bitteschön soll das heißen? Und die Jünger trauten sich nicht, ihn danach zu fragen.
Wie damals so müssen auch wir heute verstehen lernen, dass etwas Unfassbares bevorsteht. Und Jesus bereitet seine Leute immer wieder auf diesen Moment vor. In unseren modernen Kontext übertragen heißt das nichts anderes, als dass Jesus ein klares Ziel formuliert und immer wieder Teilschritte vorgibt, damit wir uns auf dieses große Ziel vorbereiten können. So setzt Jesus Puzzlestein um Puzzlestein zusammen, um seine Worte fest und vor allem dann nachhaltig bei seinen Jüngern und den nächsten Generationen zu verankern.
Das Unfassbare verstehen lernen – ist ein Prozess, dem wir heute ebenso ausgesetzt sind. Wissenschaftlich betrachtet, beginnt unser Leben mit der Befruchtung einer Eizelle durch eine Samenzelle und findet sein Ende letztlich mit dem Tod. Danach werden wir entweder in den unterschiedlichen Religionen fündig, auf was wir hoffen dürfen, oder finden uns damit ab, dass unser Leben an diesem Punkt unwiderruflich passé ist.
Jesus revolutioniert den Lauf der Natur. Er schenkt uns ein zweites Leben, in dem er sich selbst dem Prozess aus Sterben, Tod und Auferstehung stellt und ihn durchlebt. Doch zu diesem Zeitpunkt sind seine Jünger noch nicht bereit, sich auf diesen Moment einzulassen. Aber Jesus bleibt am Ball.

Verhüllung von Kreuzen

Warum verhüllen wir eigentlich in unseren Kirchen die Kreuze? Dieser Brauch kam auf, als Kreuze und

auch Bilder als Zeichen von Sieg und Leben, teilweise auch kostbar verziert, dargestellt wurden. Mit einer Verhüllung sollten sich die Gläubigen aber wieder darauf besinnen, dass zunächst das Leiden und Sterben Jesu im Vordergrund steht, bevor das siegreiche Leben über den Tod zu feiern ist.

Heute sehen wir an den Kreuzen vielfach die Figur des an das Holz geschlagenen Jesus, der letztlich ja das Leiden per se ausdrückt. Doch auch hier hat sich vielerorts das Brauchtum durchgesetzt, generell die zentralen kirchlichen Kreuze vom fünften Fastensonntag bis zur Karfreitagsliturgie in Tücher zu hüllen und sich so in den bevorstehenden Tagen bis zum Leiden Jesu darauf vorzubereiten, welches Schicksal auf Jesus wartet.

Das Kreuz, zunächst ein Symbol, das für Abschreckung, Gewalt und Tod stand, fand den Weg zu einem richtungsweisenden Wechsel als Bild für Hoffnung, Sieg und Leben. Eigentlich ist es kaum vorstellbar, dass aus dem Zeichen der Folter und des Grauens eine derart positive Ausstrahlung erwachsen konnte.

In der Verhüllung erkennen wir so oft, dass sich das Tuch flächenmäßig nur noch ganz gering mit dem Boden, der Erde verbindet. Der irdische Weg Jesu neigt sich seinem Ende entgegen. In der immer größer werdenden Fläche des aufgespannten Tuches hin zu den Querbalken des Kreuzes offenbart sich allerdings schon die Weite und die neue Dimension, die Jesus als Bindeglied hin zu seinem Vater in die Weite des Himmels aufzeigen wird.

So bietet jede Verhüllung eines Kreuzes neben der ursprünglichen Symbolik ein weites Feld an persönlicher Gedankenvielfalt, um auch das eigene, momentane Leben an diesem klaren Bild vor Gott zu bringen und über sich selbst nachzudenken: wo ich mich derzeit auf meinem individuellen Weg befinde, in welchen Bereichen ich wachsen könnte oder zu überlegen, inwieweit ich meine eigene weiße Leinwand bemalen möchte?

Der gute Hirte

„Der Herr ist mein Hirte, nichts wird mir fehlen. Er lässt mich lagern auf grünen Auen und führt mich zum Ruheplatz am Wasser. Er stillt mein Verlangen; er leitet mich auf rechten Pfaden, treu seinem Namen.
Muss ich auch wandern in finsterer Schlucht, ich fürchte kein Unheil; denn du bist bei mir, dein Stock und dein Stab geben mir Zuversicht. Du deckst mir den Tisch vor den Augen meiner Feinde. Du salbst mein Haupt mit Öl, du füllst mir reichlich den Becher. Lauter Güte und Huld werden mir folgen mein Leben lang und im Haus des Herrn darf ich wohnen für lange Zeit." (Ps 23,1-6)

Jesus verkörpert diesen guten Hirten mehr als eindrucksvoll und gibt dieses Bild auch selbst von sich:

„Ich bin der gute Hirt. Der gute Hirt gibt sein Leben hin für die Schafe." (Joh 10,11)

Wir erfahren hier eine konsequente Weiterführung der alten Schriften und der Bestätigung durch Jesus.
Der Psalm 23 ist ein Text, der mich einhüllen möchte wie in eine wärmende Decke. Er hat das Zeug dazu, mich wirklich glücklich zu machen, mir einen festen Halt für mein Leben zu geben. Er sagt mir zu, dass ich keinen Mangel spüren muss, dass ich mich nirgends verloren

fühle und möglicherweise widrige Bedingungen ein gutes Ende haben werden. Auch hier werde ich überall hin von Jesus begleitet und ich habe das große Ziel vor Augen, eine Heimat in Gottes Haus zu finden.

3. Leidensankündigung Jesu

„Während sie auf dem Weg hinauf nach Jerusalem waren, ging Jesus voraus. Die Leute wunderten sich über ihn, die Jünger aber hatten Angst. Da versammelte er die Zwölf wieder um sich und kündigte ihnen an, was ihm bevorstand.
Er sagte: Wir gehen jetzt nach Jerusalem hinauf; dort wird der Menschensohn den Hohenpriestern und den Schriftgelehrten ausgeliefert; sie werden ihn zum Tod verurteilen und den Heiden

übergeben; sie werden ihn verspotten, anspucken, geißeln und töten. Aber nach drei Tagen wird er auferstehen." (Mk 10,32-34) Das ist also tatsächlich der Plan. Jesus meint es nun wirklich ernst. Wir sagen als Sprichwort ja gerne: Steter Tropfen höhlt den Stein. Auch hier muss Jesus das Bevorstehende stetig wiederholen, damit seine Jünger auch wirklich verstehen, was seine Mission ist und dass sich nun an ihm die Schriftworte erfüllen werden.

Nun ist die Zeit gekommen, nun bereit er seine Freunde darauf vor, dass sich alles verändern wird und sie in Kürze aufgefordert sein werden, seine Botschaft weiter zu den Menschen zu tragen und seiner Kirche einen festen Untergrund zu geben, wie es Simon Petrus, dem Fels, letztlich zu Teil wurde.

So können auch wir uns fragen:

- Habe ich verstanden, was Jesus mir sagen möchte?

- Welche Konsequenzen ergeben sich für mich, wenn Jesus leiden, sterben und vom Tod auferstehen wird?

- Hat Jesus für mich auch eine bestimmte Rolle vorgesehen, die ich in meinem Leben aufgreifen und ausfüllen soll?

Palmbuschen binden

Der Palmbusch hat seinen festen Platz in den österlichen Traditionen. In den Evangelien erfahren wir, dass die Menschen ihre Kleider auf den Weg legten, Zweige von den Bäumen und Büschen abschnitten, damit sie Jesus, der auf dem Esel reitend nach Jerusalem einzog, quasi einen Ehrenteppich ausrollten. Heute würden wir tatsächlich von einem roten Teppich sprechen, den die Jünger und die begeisterten Leute damals für Jesu Ehre ausgelegt haben. (vgl. Mk 11, 1-10)

Heute binden wir zum Palmsonntag kleine oder auch größere Buschen aus verschiedenen grünen Zweigen, die mit ihrer Farbe bereits Vorboten des Lebens sein wollen. Beliebt sind auch Weidenzweige, die mit ihren weichen „Kätzchen" einen schönen Kontrast zum Grün der anderen Zweige bilden. Mit Kindern bastelt man gerne bunte Buschen, die in ihrer unterschiedlichen Farbgebung die Freude und Vielfalt widergeben.

Dafür eignen sich sehr gut farbige Krepppapierstreifen, die man einfach an die Zweige binden kann.

Ebenso kann man aber auch den Ruf der Menge *„Hosanna dem Sohn Davids."* (Mt 21,9) als Aufschrift an dem Palmbusch anbringen, um so die Stimmung von damals hier mit aufzunehmen.

Wir bringen diese Buschen schließlich am Palmsonntag mit in den Gottesdienst, schließen uns einer kleinen Prozession im Rahmen der Liturgiefeier an und lassen sie schließlich segnen.

Zuhause erhalten die Buschen dann einen Platz in der Vase, denn sie dienen als Vorzeichen dafür, dass alles gut werden wird. Jesus zieht auch in unser Haus und in unsere Wohnung ein. Er wird eingeladen, bei uns zu bleiben und wir hoffen bereits am Palmsonntag auf die Auferstehung Jesu, auf den Sieg des Lebens über den Tod. Diese gute Stimmung soll sich überall in unserem Zuhause verbreiten und uns froh stimmen.

Die Karwoche – Palmsonntag

Mit der Karwoche werden oftmals bereits die Osterferien in Verbindung gebracht – eine Zeit, die frei von Schule und eventuell auch von Arbeit ist. Ihr Auftakt bildet der Palmsonntag – ein wahrer Festtag, bei dem Jesus gefeiert wird und wie ein Star umjubelt nach Jerusalem hineinzieht. Doch diese Hochstimmung täuscht und es endet alles anders – die Vorzeichen drehen sich schon sehr bald.

Also keine Woche der Freude, sondern eine der Trauer. Diesen Hinweis entnehmen wir der Vorsilbe „Kar". Dieses Kar wird aus dem althochdeutschen Wort „Chara" abgeleitet und bedeutet so viel wie Trauer.

Aus Freude wird Trauer. Aus Jubel ein Tötungsaufruf, ein „Ans Kreuz mit ihm!". So schnell kann eine Stimmung kippen. Auch das kennen wir aus Beispielen unserer heutigen Zeit genauso.

In der Karwoche begehen wir auch den Gründonnerstag, mit dem letzten Abendmahl Jesu unter seinen Jüngern, dem Verrat des Judas und der Auslieferung Jeus an die Hohenpriester.

Der schwärzeste Tag bricht mit dem Karfreitag herein – der Demütigung, Geißelung und letztlich des Sterbens Jesu am Kreuz am Berg von Golgota.

Nun folgen die Tage der Trauer, des Verzweifelns und Wartens. Was wird sich nun tun, was wird von Jesu Worten in puncto Auferstehung Wahrheit werden? Die Angst geht umher, was nun passieren wird. Werden vielleicht noch mehr Freunde von Jesus gesucht und umgebracht? Ist nun alles verloren und weg?

Mit dem Ostermorgen – hier finden wir die Vorsilbe „Kar" nicht mehr – dem ersten Tag der neuen Woche,

beginnt eine neue Zeit, die die der Trauer nun wirklich vollkommen hinter sich lässt.
Jesu Grabstätte ist leer und er zeigt sich den Menschen als der Lebende, als derjenige, der von den Toten auferstanden ist, ganz so, wie es die Schriften des Alten Testaments und er selbst vorhergesagt haben. Jesus wirft alles bisher Geschehene über den Haufen. Nicht für ihn, sondern für alle Menschen – gestern, heute und morgen.

Der Palmesel

„Er sagte zu ihnen: Geht in das Dorf, das vor euch liegt; gleich wenn ihr hineinkommt, werdet ihr einen jungen Esel angebunden finden, auf dem noch nie ein Mensch gesessen hat. Bindet ihn los, und bringt ihn her!“ (Mk 11,2)

So beginnt die Geschichte um das Reittier, auf dem Jesus sitzend nach Jerusalem ziehen würde. Und auch hier bewahrheitet sich eine Ankündigung aus der Schrift: *„Juble laut, Tochter Zion! Jauchze, Tochter Jerusalem! Sieh, dein König*

kommt zu dir. Er ist gerecht und hilft; er ist demütig und reitet auf einem Esel, auf einem Fohlen, dem Jungen einer Eselin.“
(Sach 9,9)

Ein Esel hat es also sein sollen und schon gar nicht ein Pferd, auf dem Kriegshelden triumphierend reiten. Es kommt der Gerechte, der hilft und in aller Demut Jerusalem erreicht. Die Leute wussten damals schon auch so recht gut, wen sie hier ehrenvoll begrüßten. Heute würden wir diesen Einzug Jesu als Understatement bezeichnen, denn wahrlich hätte ihm ein festlich geschmückter Prunkwagen zugestanden. Aber nein, auch hier zeigt sich Jesu in der Rolle, dass er den Menschen nicht von oben begegnet, sondern als einer, der zu ihnen gekommen ist. Er ist derjenige, der uns seine Freunde nennt.
Der Palmesel findet sich heute nicht nur in den Gottesdiensten und Prozessionen am Palmsonntag wieder, sondern auch in so mancher Familie zu Hause, die dem Brauchtum des Palmeselbenennens noch anhängt. Demnach wird derjenige am Morgen des Palmsonntags als Palmesel bezeichnet, der nicht aus den Federn kommt und am längsten geschlafen hat. Dieser Spitzname gilt sodann für den gesamten Tag und gerade unter Geschwistern gibt er Anlass, um sich zu necken. Vielleicht aber nimmt so der ein oder andere Palmesel seinen Kosenamen gerne in Kauf, geht es doch darum, endlich einmal wieder auszuschlafen, nachdem die Ferien begonnen haben.

Vivat lebt – eine kleine Ostergeschichte

Tristan, der Uhu, kam aufgeregt angeflattert und rief die ganze Nachbarschaft zusammen. Bei seinem nächtlichen Rundflug hatte er eine aufregende Entdeckung gemacht. „Ich sag' es euch, ich wäre fast in dieses riesengroße Netz hineingeflogen, wenn ich nicht besser aufgepasst hätte." Tilmann, das Kaninchen von nebenan, meinte nur: „Aber Tristan, so ein kleines Netz macht dir doch nichts aus. Du streckst einmal deine Flügel aus und schon bist du wieder frei." Tristan schüttelte heftig seinen Kopf. „Von wegen", sagte er, „so ein Netz habe ich noch nie gesehen, nur einmal davon gehört, es war soo groß und mit gaanz dicken Fäden gewoben."
„Meinst du", fragte Klaus, die kleine Schwalbe, ganz ängstlich, „es ist wahr, dass diese fiese Maleta doch keine Geschichte ist, sondern tatsächlich lebt und nun bei uns hier im Wald ihr Unwesen treibt?"
Auf einmal wurde es ganz still und alle rückten mit großen Augen nah zusammen. Albus, der Lux und zugleich der älteste in der Nachbarschaft der Tiere, wurde ebenso ganz bedächtig. Alle Blicke ruhten nun auf ihm, während er besonnen zu sprechen begann: „Es ist zwar eine Legende, aber anscheinend muss die Geschichte doch wahr sein. Man hat Maleta noch nie gesehen. Man sagt, sie habe acht große und lange Beine, Augen, die einen durchdringen und erstarren lassen. Und wenn sie mit melodischer Stimme zu ihren Opfern spricht, dann würde man meinen, der liebste Freund würde sich nun nähern. Aber in Wirklichkeit sei es das Letzte, was man hören würde. Daraufhin würde sie ihre Opfer in ein klebriges Fadengeflecht einrollen und man würde daraus nie wieder erwa-

chen. Vor ihr ist niemand sicher, sie sucht sich jedes noch so kleine oder große Tier aus; ist man einmal gefangen, gibt es kein Entrinnen mehr."

Allen schauderte es gewaltig. Und jeder machte sich so im Stillen seine Gedanken darüber, während Elsa, die Amsel, ganz aufgeregt vorüber flatterte und laut nach ihrem Sohn Vivat rief. „Vivat, Vivat, wo bist du?", wiederholte sie ständig im Vorüberfliegen. „Hallo, habt ihr meinen Sohn gesehen?", fragte sie die anderen Tiere. „Nein, das tut uns leid!", sagten sie fast wie im Chor. „Er wollte ein wenig Reisig für das Nest suchen und gleich wieder zurück sein, aber er ist immer noch nicht da."

„Wohin ist er denn geflogen", fragte Tristan besorgt nach. „Er wollte nach Norden Richtung Hoher Wald."

„Oh nein!", entgegnete Tristan ihr, „Er wird doch nicht etwa in die Fänge von Maleta geraten sein?!"

Elsa wurde ganz blass und fiel fast vom Ast, auf dem sie sich niedergelassen hatte. „Ist das mit Maleta wahr? Ich dachte, es sei nur eine Geschichte?"

Albus sagte: „Wir müssen aufbrechen, wenn das wirklich stimmt und er in das Netz geflogen ist, dann braucht er jetzt unsere Hilfe und zwar ganz fix!"

„Aber Albus,“, sagte Klaus, „wenn sie ihn in ihren Fängen hat, dann können wir nichts mehr ausrichten, dann müssen wir es hinnehmen.“
„Nein“, entgegnete ihm Albus, „das müssen wir nicht. Nur weil sich bislang noch niemand getraut hatte, sich Maleta in den Weg zu stellen, brauchen wir nicht genauso viel Angst haben vor ihr wie die anderen. Wer kommt mit mir?“, fragte er in die Runde und ohne zu zögern brach die ganze Truppe auf und folgte Albus, der die Waldtiere Richtung Norden anführte.
Dabei waren Elsa, Tristan, Klaus, Tilmann, Ludwig und Sandra, die beiden Krähen, Erhard, das Erdmännchen, und Linda, das Reh.
„Gemeinsam sind wir stark!“, rief Albus seiner Truppe unaufhörlich zu. „Wir geben nicht auf und lassen unseren Vivat auf keinen Fall im Stich. Wir müssen nur alle zusammenhalten, dann schaffen wir das!“
Und so langsam wurden die bedächtigen Schritte und Flügelschläge immer nachdrücklicher und schneller, bis die Truppe urplötzlich vor dem größten Spinnennetz stand, das sie jemals gesehen hatte. Vor Schreck wäre Elsa auch noch fast darin hängengeblieben.
„Es stimmt also doch!“, sagten die Tiere und noch ehe sie das ganze Ausmaß überblicken konnten schrie Elsa mit heller Stimme auf: „Oh nein, da klebt mein Vivat mitten im Netz fest und kann sich nicht mehr rühren.“
Albus hatte bereits die Herrin des Netzes erspäht. Ihr Anblick war furchteinflößend und es roch nach Gift, das sie von ihren Tentakeln versprühte.
Gerade als sie auf Vivat zugehen wollte, um ihn in ihre Fäden zu wickeln, störte sie der Trupp der Waldtiere und sie stellte sich diesem nun aufgeplustert und schnaubend

entgegen, in der Meinung der Duft nach Gift und Tod würde diese wie alle anderen auch sofort zum Weglaufen bewegen.
Doch weit gefehlt! Albus sprach auf die Gruppe ein: „Leute, zusammen sind wir stark! Gemeinsam können wir dieses Netz zerstören und Maleta auf Nimmerwiedersehen verjagen."
Vivat, der ganz wild in seinem klebrigen Gefängnis hin und her wackelte konnte seinen Augen kaum trauen, als mit wildem Gebrüll und Gezwitscher die Waldtiere auf Maleta zustürmten und das Netz in tausend Fetzen schlugen und es zerbissen.
Maleta hatte sowas noch nie gesehen. Vor Angst riss sie ihre Augen auf, da sie glaubte, ihr letztes Stündchen hätte geschlagen, und machte sich so schnell sie konnte auf ihre acht Beine. Und sie hatte Glück nicht von Lindas Hufen oder Albus' Pfoten erdrückt zu werden.
Wie auch immer, sie war weg und mit ihr die Gefahr von Schmerz und Tod. Die Tiere befreiten den kleinen Vivat, putzten ihm das Gefieder und applaudierten dann ganz laut, als sich Mutter und Sohn wieder in den Armen lagen.
An jenem Tag gab es das größte Fest, das im Wald jemals gefeiert worden war. Die Gemeinschaft der Tiere war seitdem unzertrennlich und alle passten aufeinander auf.
Und Maleta? Von ihr gab es keine Geschichten mehr, wer weiß, was ihr auf der Flucht zugestoßen war? Ihr Name war eines Tages komplett vergessen und mit ihr die Angst.

Eine Kreuzwegandacht

Begrüßung:

Wir sind heute zu dieser Andacht versammelt und beginnen im Namen des Vaters und des Sohnes und des Heiligen Geistes. Amen.

Wir brauchen die Zeit der Vorbereitung; diese 40 Tage, in denen wir uns klar werden können, was das ganze Leiden Jesu für uns und vor allem auch für mich ganz persönlich bedeutet.
Jesus wurde zum Tode verurteilt. Er kam aus dieser Sache nicht mehr heraus. Er hatte sich das gewünscht von seinem Vater, aber es dann so angenommen, wie es schließlich gekommen ist.
Jesus nimmt das Kreuz auf seine Schultern und beginnt den schmerzhaften und so schwierigen Weg.

Gehen wir in Gedanken einmal zu Jesus; genau in diese Situation; jede und jeder für sich;
Fühlen wir uns ein, wie es damals wohl gewesen war; Jesus bereits blutüberströmt, geschwächt. Die Soldaten, die vielen Menschen – tobend, weinend – wie auch immer. Der Tumult, der Geruch und und und:

- Was nehmen wir wahr?
- Was sehen wir?
- Was hören wir?
- Was fühlen wir?

Für all das nehmen wir uns jetzt in der Stille Zeit, während wir ruhige Musik einspielen. Für unsere Gedanken und Gefühle.

Einspielen von ruhiger Musik (ca. drei Minuten)

Nach der Musik:
Lassen Sie uns ins Gespräch kommen;
Was haben Sie wahrgenommen, gesehen, gehört, gefühlt?
Wie war es dort?
Beschreiben Sie einmal, was Ihnen gerade in Gedanken gekommen ist.

Zeit zum Gespräch (ca. fünf Minuten)

Schauen wir einmal auf uns selbst. Kennen wir es auch von unserem Leben, dass wir manchmal einen unangenehmen und schweren Weg gehen müssen?
Jede und jeder weiß das von sich am besten, aber vielleicht weiß sie oder er auch von den schwierigen Wegen anderer: von Familienmitgliedern, dem Partner, den Kindern, den Eltern, von Freunden, Bekannten oder anderen Menschen, an deren Schicksal oder Situation man teilnimmt.

Was können beispielsweise solche schwierigen Wege sein?
Nehmen wir uns wieder ein bisschen Zeit, darüber nachzudenken; Sie können sitzen bleiben oder aber gerne ein wenig umhergehen; die Musik wird uns jetzt wieder einige Minuten begleiten.

Vielleicht gehen Sie zu den einzelnen Stationen unseres Kreuzweges und schauen sich eine oder mehrere Stationen einmal genauer und intensiver an. Vielleicht erkennen Sie da Parallelen oder Ähnlichkeiten zu Ihrem eigenen Leben, was Sie erlebt oder von anderen gehört haben.

Stille und Musik (ca. drei Minuten)

Jesus hat all das Leid, die Ungereimtheiten, die Lügen, den Streit, den Hass, den Neid, die Missgunst, die Prahlerei, die Sünde – alles, was uns von ihm und von Gott trennt, auf diesen Weg mitgenommen und getragen. Und wir fragen uns, wie er das überhaupt geschafft hat.

Wir sind beschäftigt mit unseren eigenen alltäglichen Kreuzwegen, mit all dem, was uns ständig begleitet:

- Streit
- Überheblichkeit
- Wut
- Egoismus
- Rücksichtslosigkeit
- Geltungssucht
- Sorgen um dies und jenes
- Krankheit
- Geldnöte
- Konflikte im Beruf, in der Familie, in der Gemeinde, in der Nachbarschaft
- Niedergeschlagenheit
- Angst
- Und ... es gibt da ja leider so vieles.

Wir alle tragen täglich unser Kreuz – manchmal merkt man es kaum. Manchmal tut einem davon der Rücken aber richtig weh. Manchmal hilft mir jemand beim Tragen und es wird leichter oder leicht; und immer kann ich mir bewusst sein, dass Jesus meinen Weg mit mir geht. Er nimmt mir zwar nicht alles ab, aber er spricht mir Mut zu und sagt:

Habe keine Angst, ich bin bei dir, alle Tage – wenn es dir gut geht, aber auch wenn du meinst, du müsstest verzweifeln – das brauchst du nicht. Ich trage dich durch alles hindurch.

Lasst uns beten:

Herr, unser Gott, du bist für uns diesen Leidensweg gegangen. Mit dem Holzkreuz hast du all unsere Verfehlungen, all das, was uns von dir trennt, auf deine Schulter genommen. Und nicht ohne Grund hast du mit deinem Tod und Auferstehung diese Trennung zwischen dir und uns hinweg genommen. Du bist in der Tat ein so unvergleichlich liebender Gott! Wir können hier einfach nur Danke sagen.

Du weißt, dass auch wir unsere beschwerlichen Wege gehen müssen; das ist einfach unabdingbar; wir danken dir aber, dass du stets an unserer Seite bist, dass du uns nie und nimmer verlässt; dass du immer ein offenes Ohr hast und wir immer jeden Moment an deine Türe anklopfen können, um mit dir zu sprechen. So machst du uns vieles einfach leichter.

Danke, Herr!

Für all das, wofür jede und jeder Einzelne danken möchte, haben wir jetzt in den folgenden Minuten Zeit. Zu danken oder zu bitten – für das was leicht ist und für das, was uns auf unseren Wegen Schwierigkeiten, Stolpersteine und Hindernisse bereitet.

Stille und Musik (ca. drei Minuten)

Danach:

Wir gehen nun die letzten Schritte auf die Ostertage zu und wissen, dass wir diesen Weg zusammen mit Jesus gehen werden. Neben all dem Leid und der Trostlosigkeit wird das Dunkel keine Macht haben und sich mit den ersten Strahlen des Ostermorgens in Licht verwandeln. Darauf vertrauen und hoffen wir in Christus, Jesus.
Im Namen des Vaters und des Sohnes und des Heiligen Geistes. Amen.

Fasten-Dinkelbrötchen

Gerade in der Zeit, in der sich viele Menschen bewusst ernähren, bietet es sich an, einmal das Brötchen für das Frühstück oder das Abendbrot selbst zuzubereiten und das Herstellen dieses Lebensmittels bewusst zu erfahren. Das folgende Rezept bietet dafür eine schnelle und gut gelingende Variante. Die Dinkelbrötchen können auch gerne eingefroren werden, wenn sie nicht gleich verzehrt werden sollen.

Zutaten:

500 g Dinkelvollkornmehl
325 ml lauwarmes Wasser
1 gehäufter TL Salz
1/2 Päckchen frische Hefe
1 TL Zucker
6 EL Olivenöl
grobes Meersalz

Das Mehl mit dem Wasser, der Hefe, Salz und Zucker verrühren. Danach die Hälfte des Olivenöls zum Mehl geben und unterrühren. Den Teig abdecken ca. 45 Minuten gehen lassen.
Den Ofen auf 200 Grad Celsius (Umluft) vorheizen. Der Hefeteig wird auf der bemehlten Arbeitsfläche nochmals durchgeknetet. Nun werden aus dem Teig kleine Kugeln geformt und auf ein Blech mit Backpapier gesetzt. Die Kugeln werden noch mit Wasser bestrichen, mit grobem Salz bestreut und mit dem restlichen Olivenöl beträufelt. Zugedeckt nochmals 10 Minuten gehen lassen. Auf mittlerer Schiene 15 Minuten backen.

Hosianna – Bitte und Ruf

Die Menschenmenge ruft dieses „Hosianna" Jesus zu, als er durch ihre Mitte den Weg nach Jerusalem begeht.
Wir finden diesen Bittruf bereits im Psalm 118,25, in dem es heißt: *„Ach, Herr, bring doch Hilfe! Ach, Herr, gib doch Gelingen!"* Hilf uns Herr und rette uns bitte! Die Leute wissen also genau, wer hier an ihnen vorbeizieht. Er hat das Zeug dazu, sie in ihren Sorgen und Ängsten abzuholen und er kann, wenn er es möchte, auch diese Rettung schenken.
Zwar wurden viele dadurch, dass er seinem Tod nicht entrann, enttäuscht und mussten sich erst einmal sortieren, was nun mit dem vermeintlichen Retter passiert ist. Doch wie Jesus sagt, ist sein Reich nicht von dieser Welt. Denn dann würde seine Armee für ihn kämpfen, damit er nicht sterben würde (vgl. Joh 18,36). Dabei gilt es zu bedenken, dass Jesus hier die göttliche und eben nicht die menschliche Dimension anspricht.

In seiner Auferstehung erfahren besonders wir heute, dass nur Jesus uns wirklich helfen und retten kann. Darum dürfen wir ihn immer um seinen Schutz anrufen – und das nur in einem einzigen Wort.

Im Grunde lässt sich mit dem Ruf „Hosianna" auch gut das Wort „Halleluja" kombinieren. Dieser Ruf steht für „Preist den Herrn" und wurde letztlich in seinem Wortlaut übernommen.
Einerseits dürfen wir Gott um seinen Schutz bitten, und andererseits bitten wir, weil wir wissen, dass wir dieses Retten, dieses Auf-uns-Aufpassen tatsächlich von Gott erwarten dürfen, wenn wir ihn darum bitten.
In den Psalmen lesen wir von diesem Halleluja relativ oft. So auch im Psalm 106,48: *„Gepriesen sei der Herr, der Gott Israels, vom Anfang bis ans Ende der Zeiten. Alles Volk soll sprechen: Amen. Halleluja!"*
Amen, so soll es sein, und dafür dürfen wir Gott von ganzem Herzen danken.
Vielleicht können diese beiden Ultrakurzgebete, „Hosianna" und „Halleluja" gute Begleiter für unseren persönlichen Alltag werden, um Gott um sein Dabeisein zu bitten oder um ihm zu danken, wenn er mich gut unterstützt und mir geholfen hat.

Woher kommt der Osterhase?

Bis in das 16. Jahrhundert hinein haben die Leute ganz unterschiedlichen Tieren wie Störchen oder Hähnen das „Eierbringen" zugeschrieben.

Sehr langsam bildete sich aber dann die einheitliche Tierfigur des Hasen heraus.

Wie es letztlich zum Osterhasen an sich kam, dass er mit diesem Fest in Verbindung gebracht wurde, ist nicht ganz klar.

Manche Erklärungen gehen davon aus, dass eventuell schlecht überlieferte Bilder von gezeichneten Lämmern einen Hasen entstehen ließen. Für das Eierbringen soll er letztlich wegen seiner Schnelligkeit eher den Hennen vorgezogen worden sein.

Nicht zuletzt weiß man, dass sich die Hasenpopulation besonders im Frühjahr sehr über den Nachwuchs freut. So gilt der Hase mit dem Symbol des Eies als eines für Fruchtbarkeit und Leben.

Auch hier reichen die Erklärungen bis zurück in die griechische Mythologie. Auf diese Weise entstand das Bild des Hasen für Fruchtbarkeit. Im alten Byzanz galt er sogar als Symbol für den auferstandenen Jesus. Viele Quellen führen mögliche Entstehungen dazu auf, aber interessant ist letztlich, dass sich bis heute die Figur des Eier versteckenden Osterhasen erhalten hat und der Begriff „Ostern" als fest verankert gilt.

Vorfreude streuen

Der Beginn der Karwoche unter dem Vorzeichen des Palmsonntags lässt zunächst erahnen, dass mit dem fröhlichen und umjubelten Einzug Jesu nach Jerusalem eine besondere, festliche Woche starten würde. Aber weit gefehlt, es kommt für viele anders als gedacht.
Wir wissen heute, dass die Karwoche eine ziemlich wichtige und entscheidende Woche für uns Christen ist. Ohne sie würde es keine Vorfreude auf Ostern, auf das Fest der Auferstehung geben.

Besonders Kinder kann man mit wenig Aufwand auf das große Osterereignis einstimmen. Unter der Karwoche können Eltern zwischendurch kleine Schokoladeneier oder andere Kleinigkeiten im Garten oder in der Wohnung verstecken und ihnen bereits verkünden, dass der Osterhase schon einmal bei der Familie vorbeigekommen ist, um sich einen Eindruck vom Osternest, dem Garten oder der Wohnung zu machen. Ein kleine Möglichkeit, um den Zauber von Ostern, der Freude am neuen Leben und am Aufbruch den Jüngsten in der Familie zu vermitteln.

Jesus – Hirte und Lamm

„Was meint ihr? Wenn jemand 100 Schafe hat und eines von ihnen sich verirrt, lässt er dann nicht die 99 auf den Bergen zurück und sucht das verirrte?“ (Mt 18,12)

Ein Hirte, wie wir ihn in Jesus kennenlernen durften, kennt jedes Mitglied seiner Herde beim Namen. Ihm ist es nicht egal, ob eines von dieser großen Menge verloren geht. Schließlich, so könnte man denken, wären ja noch genügend andere da.

Vielleicht kennen wir das Gefühl, sich verirrt zu haben. Das Navi hat seinen Geist aufgegeben und wir finden niemanden, der uns den richtigen und sicheren Weg zu unserem Ziel zeigen kann. So bleiben wir zunächst hilflos

in der Situation zurück. Wie sehr jedoch freuen wir uns, wenn wir dann auf eine ortskundige Person treffen oder wie durch ein Wunder wieder zurück auf bekanntes Terrain gelangen.
Dass Jesus keines seiner Schafe egal ist, zeigt er uns anhand des größten Liebesbeweises, den er jedem und jeder von uns geben konnte. Er, das durch Propheten angekündigte Lamm Gottes, ließ sich für alle Menschen zur Schlachtbank führen. Er gab, so wie er es selbst einmal formulierte, sein Leben für seine Freunde hin. Er beweist, dass hinter seinen Worten Taten stecken und zwar mit unglaublichen Konsequenzen. Mit seiner Auferstehung schenkt er uns allen, die wir an ihn glauben, dieses Leben bei ihm, dem Hirten, der die ganze Herde versammelt haben möchte, und reicht mir, dem Verlorengegangenen die Hand, um dorthin wieder zurückzufinden.

Osterfladen

Heute gehört der Osterfladen fest zum österlichen Frühstück. Im Grunde ist er wie eine Art süßes Brot, das uns an das damalige Paschafest erinnern kann. *Als Jesu Leiden bevorstand, feierten die Juden damals auch den „ersten Tag des Festes der Ungesäuerten Brote“* (Mt 26,17). Das Paschafest stand nun wieder an und das damalige fehlerlose Opferlamm in Person von Jesus selbst würde bald hingegeben werden.
Ungesäuert heißt, dass man dem Sauerteig keine Zeit ließ zum Gehen, da man auf die Eile und Hektik des damaligen Auszugs des Volkes Israel erinnerte.
Auch wenn wir heute normales Brot oder aus Sauerteig gebackenes Brot in unsere Osterkörbe geben, so ist die

gesüßte Variante in Form des Fladens oder zu einem Zopf geflochten ein echter Frühstücks- oder Nachmittags-zum-Kaffee-Liebling geworden.

Das nachfolgende Rezept verspricht einen traditionellen Fladen:

600 g Mehl
350 ml Milch
125 g Butter
70 g Rosinen (können auch weggelassen werden)
60 g Zucker
1 Päckchen Hefe
1 Prise Salz

Die Butter schmelzen und die Milch erwärmen. Sodann Mehl, Hefe, Zucker, Salz mit der lauwarmen Milch und zerlassenen Butter in eine Schüssel geben. Mit der Rührmaschine und den Knethaken die Zutaten solange verrühren, bis sich der Teig leicht vom Rand ablöst. Damit der Teig in Ruhe aufgehen kann, benötigt er ca. 45 Minuten Ruhe, am besten neben der Heizung oder am Fenster. Die Schüssel bitte mit einem Handtuch abdecken.
Danach den Teig auf ein Blech mit Backpapier geben und in Fladenform bringen. Gerne können auf einer mit Mehl betreuten Arbeitsfläche auch aus drei Strängen ein Zopf geflochten werden, der dann aufs Backpapier und das dazugehörige Blech gelegt wird.
Der Backofen wird nun auf 180 Grad Umluft vorgeheizt. Währenddessen wird der Fladen oder Zopf mit Milch bestrichen, damit er eine schöne goldgelbe Farbe beim Backen erhält. Nach ungefähr 25 Minuten ist der Fladen perfekt gebacken und darf bis zum Verzehr auskühlen.

Gründonnerstag

„Beim letzten Abendmahle, die Nacht vor seinem Tod, nahm Jesus in dem Saale, Gott dankend, Wein und Brot."
Die Strophe aus dem bekannten Kirchenlied: Beim letzten Abendmahle (T: Christoph von Schmid, M: Melchior Vulpius) eignet sich wunderbar für einen Gründonnerstagsgottesdienst, denn hier lesen wir sofort, worauf das Hauptaugenmerk des Tages gelegt ist.
Köchinnen und Köche überlegen sich an diesem Tag sehr häufig, was sie denn „Grünes" zubereiten könnten.

Doch im Grunde hat die Vorsilbe „Grün“ gar nichts mit der Farbe zu tun.
Vielmehr geht man sprachgeschichtlich in die Zeit des Alt- und Mitteldeutschen zurück und findet das Wort „Greinen“ vor, dass man mit „weinen“ übersetzt.
Nichtsdestotrotz stehen am Gründonnerstag Kartoffel mit Spinat oder Grünkohl auf vielen Speisezetteln und geben diesem mittlerweile grünen Charakter des Tages so eine neue Tradition.
Bei allem Klagen und Weinen, das uns die kommenden Tage begleiten wird, können wir in unseren normalen Kochüberlegungen die Botschaft des Gründonnerstags und Jesu Auftrag, dass wir uns zusammen treffen, um an ihn zu denken, wunderbar in unseren Tischgemeinschaften umsetzen. Holen wir uns hier Stärke und Stärkung.
Der Gründonnerstag bildet nochmals sehr anschaulich ab, wie sehr Jesus uns Menschen liebt, wie er auf uns zugeht, uns sogar die Füße wäscht – er, der Herr und Gott ist. Er beugt sich zu uns aus Liebe.
Mit seinen Freunden hat er sich zu Tisch gelegt, wie es damals Sitte war, und hat mit ihnen nochmals eindringlich gesprochen. Worte, die bis heute uneingeschränkte Geltung und Wirkung besitzen.

Das letzte Abendmahl

Es ist ein fester Begriff geworden: das letzte Abendmahl. Leonardo da Vinci zum Beispiel griff die Szene auf und bildete sie in seinem berühmten Secco-Gemälde, das er in den Jahren 1494–1498 geschaffen hatte, ab.
Auf dem Wandbild, das im Konvent Santa Maria delle Grazie in Mailand zu sehen ist, lassen sich die zwölf Jünger Jesu erkennen, die jeweils zu sechst links und rechts neben ihrem Meister an einer langen Tafel untereinander und mit ihm ins Gespräch vertieft sind. Die Bildmitte zentriert sich dabei auf den in der Mitte sitzenden Jesus. Dabei beeindruckt nicht das perfekt nach den Regeln der Kunst gestaltete Gemälde, sondern vor allem dessen Inhaltskraft:

„Als die Stunde gekommen war, begab er sich mit den Aposteln zu Tisch. Und er sagte zu ihnen: Ich habe mich sehr danach gesehnt, vor meinem Leiden dieses Paschamahl mit euch zu essen. Denn ich sage euch: Ich werde es nicht mehr essen, bis das Mahl seine Erfüllung findet im Reich Gottes.

Und er nahm den Kelch, sprach das Dankgebet und sagte: Nehmt den Wein und verteilt ihn untereinander! Denn ich sage euch: Von nun an werde ich nicht mehr von der Frucht des Weinstocks trinken, bis das Reich Gottes kommt.
Und er nahm Brot, sprach das Dankgebet, brach das Brot und reichte es ihnen mit den Worten: Das ist mein Leib, der für euch hingegeben wird. Tut dies zu meinem Gedächtnis!
Ebenso nahm er nach dem Mahl den Kelch und sagte: Dieser Kelch ist der Neue Bund in meinem Blut, das für euch vergossen wird.“
(Lk 22,14-20)

Wie Jesus sagt, hat dieses Zusammenkommen und Miteinander-Essen für ihn eine ganz besondere Bedeutung. Es ist das Letzte, das er hier auf der Erde mit ihnen teilen wird.

Ferner gibt er seinen Freunden, im Brot übertragen, seinen Leib, den er aus Liebe zu ihnen und zu uns opfern wird. In Kürze wird sein Blut vergossen werden, um mit seiner Unschuld die Schuld aller Menschen hinwegnehmen zu können. Im Zeichen vom Wein reicht er den Jüngern den Becher als Zeichen für den in Kürze beginnenden Neuen Bund zwischen Gott und den Menschen.

Ob die Jünger wohl an jenem Abend verstanden haben, was Jesus ihnen mit diesen Ankündigungen mitteilen wollte?

Dass Tiere als Opfer dargebracht wurden, das war den Jüngern sicherlich bekannt, aber nun würde Jesus selbst in diese Rolle schlüpfen. Warum sollte gerade der Sohn Gottes, er, der alles vermag, dies tun?

Auch wir müssen uns dieser Frage stellen, warum sich das alles so ereignen musste. Hätte es nicht eine andere Möglichkeit gegeben, Jesu Leben zu retten und uns auf andere Weise zu einem ewigen Leben zu Gott zu bringen?

Heute wissen wir, dass es nur diesen einen Weg gab. Nur Jesus konnte die bestehende Trennung zwischen Gott und Menschen auflösen. Nur er, ein Mensch ohne Sünde, vermag es, durch das Sterben und das Vergießen seines Blutes, die Schuld aller Menschen wegzunehmen, unsere Herzen auf diese Weise anzusprechen, dass sie im Takt des göttlichen Lebens schlagen.
Mit diesem Abendmahl ruft uns Jesus immer wieder aufs Neue zusammen und sagt damit in etwa: Denkt daran, ich gehe euch voraus zum Vater, ich habe meinen Tod gerne für euch aufgenommen und möchte, dass wir später einmal gemeinsam ein Leben führen werden.
Das können wir in jeder Eucharistiefeier, aber auch bei jeder Mahlzeit, die wir zusammen begehen erleben. Dieser „Neue Bund" besteht und wird Bestand haben.

Nicht nur meine Füße ...

„Als er ihnen die Füße gewaschen, sein Gewand wieder angelegt und Platz genommen hatte, sagte er zu ihnen: Begreift ihr, was ich an euch getan habe?
Ihr sagt zu mir Meister und Herr und ihr nennt mich mit Recht so; denn ich bin es. Wenn nun ich, der Herr und Meister, euch die Füße gewaschen habe, dann müsst auch ihr einander die Füße waschen. Ich habe euch ein Beispiel gegeben, damit auch ihr so handelt, wie ich an euch gehandelt habe." (Joh 13,12-15)

Was passiert denn da? Jesus erniedrigt sich vor seinen Freunden und beginnt, ihnen die Füße zu waschen. Vor allem Simon Petrus lehnt es ja zunächst ganz aufgebracht ab und versteht dann, als Jesus zu ihm sagt, dass er nur so

Anteil an ihm haben kann, dass er sich nur zu gern von ihm waschen lassen möchte.
Jesus war einer, der immer wieder für eine gewaltige Überraschung gut war. Mit ihm ist es wahrscheinlich seiner Familie und seinen Freunden niemals langweilig geworden. Beispiele finden wir dafür genügend im Neuen Testament: Ob er als 12-jähriger alleine im Tempel zurückblieb – ohne seinen Eltern davon zu erzählen, als er seinen Jüngern auf dem Wasser laufend entgegenkam oder den verhassten Zöllner Zachäus bei einem Essen kennenlernen wollte – von all den überlieferten Wundern, die Jesus wirkte, einmal ganz abgesehen.
Doch Jesus hat noch eine andere Botschaft in seinem Handeln. Wir Menschen haben diesen Drang nach Macht und einem „Das-Sagen-Haben“. Und wenn wir uns auf normalem Weg nicht durchsetzen können, dann packen wir die Ellenbogen aus und versuchen, so unsere Ziele zu erreichen. Wir können dem Gefühl sehr viel abgewinnen, über anderen zu stehen, von anderen bewundert und hofiert zu werden. Und vielleicht vergessen wir, wenn es uns zu gut geht, dass es Leute gibt, die so einen Zustand nie und nimmer würden erreichen können.

Jesus sagt uns, dass wir für einander da sein sollen. Wir leben nicht aus Selbstzweck heraus. Was wäre das denn überhaupt für ein Leben? Das wäre wohl ziemlich eindimensional.
Er möchte, dass wir einander helfen, dass wir nicht abdrehen und irgendwann meinen, wir seien besser als andere, nur weil wir etwas Besonderes geleistet haben, viel Geld besitzen oder eine wunderbare Begabung geschenkt bekommen haben.
Alles das fordert Menschen heraus, umso mehr dem Auftrag Jesu nachzukommen und Teil seines Bundes zu werden oder zu bleiben.
Füreinander – wenn Gottes Sohn sich erniedrigt, warum sollte jemand anderes meinen, das brauche er nicht und wäre etwas Besseres?!
Jesus gibt seinen Jüngern diese Botschaft mit auf ihre zukünftigen Missionswege. Eine Botschaft, die wir heute als eine „frohe" bezeichnen. Und zwar deswegen, weil sie recht einfach eine Anleitung enthält, wie wir unsere Welt in Frieden gestalten können. Denn in diesem Füreinander haben Hass, Gewalt, Missgunst,

Machtmissbrauch und Mord keinen Platz. Dieses Füreinander ist nicht für Jesus gedacht, sondern für uns, damit wir unser Denken und Handeln immer wieder daran ausrichten können.

Judas – die personifizierte Tragikgestalt

Als der Jünger, der Jesus letztlich für 30 Silberlinge verraten würde, ging Judas in die Geschichte ein. Jesus weist bereits am Abendmahltisch darauf hin, dass einer seiner Jünger dies im Sinne hat.
Schließlich traf es Judas. Wann hatte er wohl den Entschluss getroffen, seinen Herrn und Meister ans Messer zu liefern? Letztlich war er zu den Hohenpriestern gegangen und hatte sie gefragt: *„Was wollt ihr mir geben, wenn ich euch Jesus ausliefere?"* (Mt 26,15)
So wartete er auf eine gute Gelegenheit und fand diese im Garten Getsemani: *„Sogleich ging er auf Jesus zu und sagte: Sei gegrüßt, Rabbi! Und er küsste ihn."* (Mt 26,49) Damit war Jesu Auslieferung perfekt.

Das Erkennungszeichen, der Kuss, ist seitdem zu einem Synonym geworden. Der Kuss, der im Grunde für Achtung und Zuneigung steht, bekam nun mit dem „Judas-Kuss“ eine ganz neue Bedeutung zugesprochen. Ein geheucheltes Zeichen, ein Ausdruck der Verachtung und die klare Ansage: Hier ist alles nur gespielt und vorgegaukelt. Es folgt kein Gefühl von Liebe, sondern die Zeichen stehen auf Sterben und Tod.
Als Judas wieder klar bei Verstand war und das Silber in seinen Händen hielt, merkte er, welche Tat er begangen hatte. Er konnte sich nicht über das Geld freuen und sich davon ein schönes Leben machen. Nein, als ihm bewusst wurde, dass er Jesu Tod damit besiegelt hatte, nahm er sich selbst das Leben. Dieses Verbrechen konnte er nicht ertragen und aushalten.
Das tragische Ende des Judas – einer würde es sein, der Jesus verraten sollte. Der arme Kerl, dem das Los zufiel, war nun er. So stellt sich die Frage: Konnte er überhaupt seinem Schicksal entkommen? War es nicht sein vorgezeichneter Weg, den er hatte gehen müssen?
Es heißt, wir alle haben unseren freien Willen und wir können uns dafür oder dagegen entscheiden. Wie auch immer die Überlegungen von Judas gewesen sein mögen, er hat sich für das Geld entschieden. Doch, war seine Entscheidung nicht auch der Beginn der Prophezeiung, dass Jesu hingerichtet werden und sterben, aber auch am dritten Tage auferstehen würde?
Judas merkte, dass er sich trotz allem falsch entschieden hatte. Vielleicht gingen ihm Jesu Worte vom Abendmahl auch nicht mehr aus dem Kopf, die da hießen: *„Doch weh dem Menschen, durch den der Menschensohn verraten wird. Für ihn wäre es besser, wenn er nie geboren wäre.“* (Mt 26,24) Und

er setzt seinem Leben ein Ende. Aber auch hier hätte er eine andere Wahl gehabt, doch die hat er nicht mehr in Betracht gezogen.

Der Wert des Geldes

Die obige Überschrift könnte auch gut für einen Krimi oder einen Thriller stehen. Und ja, etwas anderes lesen wir ihm Grunde ja nicht, wenn wir im Neuen Testament über Judas erfahren, was die 30 Silberlinge letztlich für ihn an Wert hatten: nämlich keinen!
„Denn wir haben nichts in die Welt mitgebracht, und wir können auch nichts aus ihr mitnehmen.“, so können wir bei 2 Tim 6,7 zu dem Thema nachlesen, was Judas das Geld letztlich eingebracht hatte. Die Summe konnte seinen Verrat nicht überragen, die Freude an dem vielen Geld konnte nicht darüber hinwegtäuschen, einen unwiderruflichen Fehler begangen zu haben.
Wir kennen den Ausspruch, „Für kein Geld der Welt, ...“, und haben ihn vielleicht selbst schon einmal in einer bestimmten Lebenssituation gebraucht. Für kein Geld der Welt werden wir von unseren Überzeugungen, von unseren Wertmaßstäben oder ähnlichem abrücken, soll damit gemeint sein. Und natürlich würde darunter auch der Verrat eines guten Freundes fallen.
Aber, dann kommt in uns doch das Verlangen auf, sich nach Materiellem, nach einem guten Geschäft zu sehnen und zu meinen, dann würden wir das große Los ziehen, um hinterher ein sorgenfreies Leben führen zu können.
Geld zu haben bedeutet unabhängig und frei zu sein. Und dann kommt im Leben die Verlockung, viel Geld

angeboten zu bekommen, und wir oder Judas müssen uns überlegen, ob uns der Betrag dies oder jenes wert ist, die geforderte Gegenleistung zu erbringen.
Es wird bis heute viel spekuliert, um welchen Betrag es sich bei den 30 Silberlingen nun gehandelt haben mag. Man geht zum Beispiel davon aus, dass man sich mit dem Geld einen Acker hätte kaufen können, so wie wir es in der Apostelgeschichte 1,18 erfahren: *„Mit dem Lohn für seine Untat kaufte er sich ein Grundstück. Dann aber stürzte er vornüber zu Boden, sein Leib barst auseinander und alle Eingeweide fielen heraus.“*
Andere Schätzungen gehen von Summen zwischen 3000 € oder gar 10000 € aus, wie Ulli Kulke in einem Artikel in der Welt Online einmal geschrieben hat.
Wie auch immer der genaue damalige Wert des Geldes nun anzurechnen sei, der Preis, um es zu erhalten, war zu hoch. Aber wie es das Schicksal von Judas forderte, fiel es ihm zu, eine dunkle menschliche Seite an den Tag zu legen.
Was geschehen ist, liegt als Erfahrung hinter uns. Wir können uns heute überlegen, wie unser Umgang mit Geld aussieht, ob wir hier im Sinne Gottes handeln und wie wir es sinnvoll einsetzen können.

Warten – auf was?

Darauf, dass vielleicht doch noch alles gut wird!
Warten, dass das Unvermeidbare sich doch noch anders entwickeln wird.
Warten kann nervtötend sein, wenn nichts voran geht, und vor allem dann, wenn nach dem Warten aber schon rein gar nichts Positives ansteht.
Dann wird Warten zur Qual, dann gibt es nichts, auf das man hoffen könnte, irgendetwas, was einem noch Mut geben würde.
Aber auch dieses Warten wird nicht vergebens sein – gerade in diesem Moment wird der Samen gesät, dessen Pflanze unendliche Frucht hervorbringen wird ...

Herr, begleite du mich in meinem Warten. Lass diese Zeiten nicht sinnlos vergehen. Fülle die vermeintlich nichts bringenden Minuten und Stunden mit deiner Gegenwart und segne du meine Gedanken und meine Pläne. Zeige mir, dass in jedem Warten etwas Gutes sein kann.

Wenn die Angst um sich greift

Ängste gehören leider irgendwie zu unserem Leben. Wir können so viele unterschiedliche Arten von Ängsten zählen. Und wenn eine bestimme Form von Angst eine Übermacht in unserem Leben bekommt, dann erleben wir diese als etwas sehr Schlimmes und das führt so nicht selten zu tiefgehenden Bedrohungen.

Mit Ängsten, so sagt man, kann man Menschen sehr gut steuern; denn wir wollen keine Angst erleben oder erleiden müssen und so stellen wir alles Mögliche an, um sie von uns fern zu halten.
Der Tiefenpsychologe Fritz Riemann hat vier Grundformen der Angst definiert. Darunter befinden sich die Angst vor der Selbsthingabe, die mit Abhängigkeit und Ich-Verlust einhergeht, sowie die Angst vor der Selbstwerdung, erlebt als ein Gefühl von Ungeborgenheit und Isolierung. Ferner identifiziert er die Angst vor der Wandlung, die mit Vergänglichkeit und Unsicherheit zusammenhängt, und die Angst vor Notwendigkeit, die sich in Endgültigkeit und Unfreiheit zeigt.
Wenn man sich diese Angstformen bewusst macht, kommt es einem vor, als würde man in einem Spannungsverhältnis leben und sobald man aus einem Gleichgewicht fällt, würde sich die eine oder andere Angst aufdrängen.
In der Angst liegt aber auch die Aufforderung, mein Umfeld intensiv und genau zu betrachten. So kann ich es feinfühlig erkunden und erkennen, falls wirklich eine reelle Gefahr aufkeimt. Vielleicht klingt das für manche als Trost, aber selbst Jesus war nicht vor Angst gefeit.
In der Nacht, kurz bevor er an die Hohenpriester ausgeliefert werden würde, bittet er vergebens seine Jünger, mit ihm zu wachen und das Gebet mit ihm zu suchen. Und doch ist er dann auf sich alleine gestellt und muss sich seiner Angst vor dem Leiden und Sterben stellen. Er erlebt diese Situation als Mensch und muss hier durch.
Es wird überliefert: *„Und er betete in seiner Angst noch inständiger, und sein Schweiß war wie Blut, das auf die Erde tropfte.“* (Lk 22,44)

Todesangst. Er geht trotzdem den bitteren Weg und kneift nicht.

Angst, so wie sie ständig auch in unserem Leben vorkommt, gehört unweigerlich zu den Kar-Tagen.

Als Jesus den Frauen erscheint, so sagt er zu ihnen: *„Fürchtet euch nicht!“* (Mt 28,10) Er hat die Angst auf sich genommen, hat sie durchlebt und bis auf die Knochen gespürt. Aber er ist mächtiger als jede Angst der Welt, als alles, was uns meint, das Fürchten lehren zu wollen.

Am Ende des Matthäusevangeliums spricht Jesus uns einen wunderbaren und aufmunternden Satz zu: *„Seid gewiss: Ich bin bei euch alle Tage bis zum Ende der Welt.“* (Mt 28,20)

So darf ich mich fragen: Wo soll denn da noch Platz für Angst sein? Jesus ist mit uns unterwegs, er gibt mir Geborgenheit und Schutz. Eine gewisse Vorsicht soll mich grundsätzlich gerne begleiten, damit ich nicht übermütig werde, das wäre schon in Ordnung.

Mit Jesu Auferstehung nimmt er mir diese große Angst vor den ungeklärten Fragen des Lebens weg. Er gibt mir Freundschaft, lässt mich nicht alleine, sorgt, dass ich meine Grundbedürfnisse stillen kann, zeigt mir meinen Lebensweg und Sinn auf und gibt mir das sichere Gefühl, dass der Tod die Eintrittskarte in das wahre Leben bei ihm ist.

Warten und Wachen mit Jesus – eine Andacht

Zum Beginn:

Jesus bittet seine Jünger mit ihm zu wachen, bei ihm zu sein in dieser schweren Stunde. Er braucht diese Unterstützung seiner Freunde. Doch sie können ihm nicht helfen. Sie lassen ihn allein und schlafen ein.

Lied: Bleibet hier und wachet mit mir! Wachet und betet, wachet und betet! (Text: Mt 26,38.41, M. und S.: Jacques Berthier)

Zuvor erleben sie einen besonderen Höhepunkt; ein gemeinsames Abendessen, zu dem Jesus seine Jünger einlädt.

Er bricht Brot und segnet Wein; er spricht Worte für die Ewigkeit – Worte für uns;

Es folgt aber keine ausgelassene Stimmung; es schwingt mit, was bevorsteht.

Sie brechen auf, um in den Garten Gethsemane zu gehen.

Impulse:

- Ein Ort, an dem die Gefahr, der Verrat lauert.
- Der Abend neigt sich und die Sonne schickt sich an, der tiefen schwarzen Nacht zu weichen.
- Ein Feuer wäre jetzt recht, um die aufkommende Kälte fernzuhalten, damit wenigstens der Körper Wärme erfährt.
- Eine Laterne wäre schön, die ein wenig Licht spendet, damit noch etwas mehr gesehen werden kann.

- Die Flamme der Kerze als Zeichen der Hoffnung; sie erhellt die Finsternis.

Und in dieser Situation der Angst und der Verlassenheit drängt es Jesus zum Gebet. Zum innigen Gebet zu seinem Vater; er lässt seiner Angst freien Raum und Lauf.
Und trotz der Todesfurcht, gibt er sich in die Hände seines Vaters – dort findet er die Kraft für die anheimfallende Tortur.

Gebet:
Lasst uns beten: Jesus, für dich waren es unglaublich schwere Stunden an jenem Abend.
Selbst deine Jünger hatten nicht die Kraft bei dir zu sein, um mit dir zu beten, sondern wurden vom Schlaf übermannt. Du warst buchstäblich alleine auf dich gestellt. Du hast alles unseretwegen ertragen. Mit dir wollen wir heute Abend beten. Wir sind da und wir warten mit dir; harren aus und fühlen mit dir.
Wir danken dir, dass du uns so sehr liebst; dass wir dir am Herzen liegen und du dein Leben für uns gibst, damit wir leben dürfen. Amen.

Das Kreuz ist verhängt; Jesus ist noch nicht dorthin angeschlagen worden; es bleibt noch Zeit, bis es soweit ist.
Diese Andacht hat ein offenes Ende. In der Zeit, in der wir hier mit Jesus wachen und mit ihm beten, dürfen wir in der Stille – jede und jeder für sich – seine eigenen Anliegen vor ihn bringen.
Sagen wir ihm, was uns auf dem Herzen liegt; wovor wir uns fürchten; wo wir seine Unterstützung ganz und gar nötig haben.

Sprechen wir es aus und legen es Jesus hin. Er nimmt es mit an sein Kreuz; er nimmt weg, was uns quält und Angst macht.
So beginnt schon heute Abend die Freude, dass Jesus den Tod überwinden wird und uns so Leben in vollen Zügen schenkt.

Eine Meditation zur Abendwache am Gründonnerstag

Einstieg:
Wir sind heute Abend hier versammelt, um gemeinsam mit Jesus zu wachen und begrüßen uns: Im Namen des Vaters, des Sohnes und des Heiligen Geistes. Amen.

Vielleicht mag es sich merkwürdig anfühlen, sich an einem solchen Abend, in einer solchen Situation zu befinden. Es ist die bildlich gesprochene Ruhe vor dem Sturm. Die Sonne neigt sich immer rascher dem Horizont zu und der blaue Himmel der Freude und des Zusammenseins mit Jesus, wird immer mehr von Wolken bedeckt, die das vorhandene Licht schlucken möchten. Ja, an so einem Abend befinden wir uns nun. Er ist lang, aber er bietet auch Zeit zum Überlegen, zum Nachdenken, für das Gebet, für das Ruhiger-Werden und dem Zuhören auf diese innere göttliche Stimme, die zu mir spricht.

Herr, wir sind hier versammelt, um mit dir zu warten und zu beten …

Musikbegleitung instrumental

Es tut gut, wenn ich mich einmal ruhig verhalten kann. Ich muss nicht immer vorangehen, sprechen und die Richtung vorgeben. Jesus gibt mir diese Tugend. Er sagt zu mir: „Setze dich einfach hin, schalte ab und leih' mir nur dein Ohr."
„Hört und begreift!" – ruft er zu uns.
Es tut gut, sich einfach einmal hinzusetzen, die Beine von sich zu strecken und zu zuhören. Jesus weiß, dass ich diese Zeit brauche, um zu verstehen, was alles um mich herum abläuft. Verständnis für seine Worte und auch für die meiner Mitmenschen.

Musikbegleitung instrumental

„Die Liebe", so heißt es, *„hört niemals auf."* (1 Kor 13,8) Was für eine Aussage! Umgekehrt hieße es, dass alles andere womöglich vergehen wird, z.B. Leid, Trauer, Neid, Streit und so weiter. Und wir haben alltäglich mit allen diesen aufgezählten Eigenheiten im zwischenmenschlichen Zusammenleben zu tun. Oftmals findet die Liebe keinen großen und fruchtbaren Raum, wo sie sich entfalten und wirken kann. Eigene Interessen, persönliche Motive und Machtgedanken beherrschen die Gesellschaft. Jesus zeigt uns, was gelebte Liebe wirklich bedeutet und wie wir diese Liebe in unserem Leben sichtbar machen können. Wo sie sichtbar wird, da kommt dieses besondere Licht zum Vorschein. Wie wunderbar ist es, wenn wir seine Liebe spüren und sie selbst weitergeben?
Wie wunderbar ist der Gedanke, dass die Kraft der Liebe immer stärker und beständiger wird?

Schließlich wird sie als einziges nicht vergehen. Heute Abend lädt Jesus uns ein, immer wieder an den Tisch seiner Liebe zu kommen, uns gegenseitig zu stärken, und ihn in unserem Herzen zu spüren und zu bewahren.
Jesus, du schenkst uns diesen vollkommen gedeckten Tisch, an dem wir wirklich satt werden können. Danke, dass du immer den Platz an unserer Seite füllst.

Musikbegleitung

Wenn jemand zu mir sagt, „Ich bin für dich da.“, dann ist das ein wunderbares Gefühl. So weiß ich, dass es ein Mensch gut mit mir meint. Ich bin ihm oder ihr wichtig. Was auch kommen mag, diese Person ist an meiner Seite. Wer hat mir das schon gesagt? Der Herr, der mich erschaffen hat, sagt mir das täglich immer wieder aufs Neue: Ich, Jesus, bin für dich da. Wie schön wäre es, wenn wir Jesus heute sehen könnten oder von Angesicht zu Angesicht sprechen könnten… Es wird noch etwas dauern, bis es soweit ist; aber bis dahin brauche ich mein Gefühl, mein Herz, mein Gehör, zu dem Jesus hindurchdringt, manchmal leise, aber manchmal auch richtig laut.
Auch in der schweren Zeit, in der Jesus am liebsten den Kelch des Leidens und des Todes an ihm vorüberlassen wollte, ist er für mich da und seine konsequente Entscheidung, sich seinen Mördern zu stellen, fällt er für uns alle.

Musikbegleitung

„Zu ihm dürft ihr kommen." (vgl. u.a. Lk 18,16)
Jesus tat es während seiner Zeit auf der Welt ständig. Er lud die Menschen ein, bei ihm zu sein. Er wollte sich mit ihnen unterhalten, Heilung schenken und ihnen Gottes Reich nahe bringen. Im Petrusbrief wird darauf Bezug genommen. Auch ich darf heute zu Jesus kommen. Im Gebet. Im Gesang. Im Gottesdienst. Immer.
Herr Jesus, ich danke dir, dass ich immer zu dir kommen darf, mit all meinen Anliegen, die mich täglich beschäftigen. Du hast stets Zeit für mich und ein offenes Ohr. Es tut so gut, von dir eingeladen zu sein.

„Behüte mich, Gott, denn ich vertraue dir.“ (Ps 16,1)
Es gibt diese Momente, auch in meinem Leben, die einen mutlos werden lassen. Wenn ich mir etwas vorgenommen habe und dann ist es ganz anders gekommen, als ich gedacht hatte oder es ist ein unerwarteter Streit vom Zaun gebrochen, obwohl ich es doch nur gut gemeint hatte. Enttäuschungen gehören wohl einfach zu unserem Leben hier auf der Erde, aber sie sollen nicht unseren Mut rauben, sondern vielmehr mit Jesu Hilfe uns bestärken, dass er an unserer, ja an meiner Seite steht und mich behütet. Er fängt all diese Enttäuschungen mit auf, lässt mich von ihnen lernen und lässt mich daraus stärker hervorgehen als vorher.
Danke Herr, dass du stets an meiner Seite bist.

(Wenn die Möglichkeit dazu besteht:) Sie finden nun Zettel und Stifte vor – Sie sind eingeladen, aufzuschreiben was Jesus gerade zu Ihnen sagt. Was wünscht er sich jetzt zu dieser Stunde von mir? Was wünscht er sich für mich zu Ostern? Was sind meine persönlichen Wünsche? Wir können den Zettel mitnehmen und ihn dann in der Osternacht in das neue Osterfeuer werfen, als Anfang, als Start, als Zeichen, dass Jesus diesen neuen Weg mit mir geht.

Währenddessen Musikbegleitung

„Wer Ostern kennt, kann nicht verzweifeln.“, sagte einmal Dietrich Bonhoeffer.
Was bedeutet Ostern überhaupt für mich? Jesus wird vom Tod auferstehen; er hat sich allem Bösen und Totbringenden widersetzt und uns Menschen den Weg

geebnet, ebenso den Tod zu besiegen und von ihm wieder aufzuerstehen. Das mag vielleicht alles so einfach klingen, als wenn es nichts wäre. Ostern wird zum Sinnbild für das Leben. Die meisten Menschen fürchten sich vor dem Tod, dem Ende ihres irdischen Lebens. Wenn ich jedoch weiß, dass Gott mich wieder zum Leben erweckt, dann brauche ich nicht mehr verzweifeln, denn in meinem Herzen kann ich dieses Versprechen spüren, das Jesus tief in mich gepflanzt hat: das Leben.
In dieser tiefen Hoffnung können wir den heutigen Abend und die kommenden Tage getrost begehen, denn am Ende wird alles gut.

Abschlusslied:

Meine Hoffnung und meine Freude (Taizé):

Meine Hoffnung und meine Freude
Meine Stärke, mein Licht
Christus meine Zuversicht
Auf dich vertrau' ich und fürcht' mich nicht
Auf dich vertrau' ich und fürcht' mich nicht

Meine Hoffnung und meine Freude
Meine Stärke, mein Licht
Christus meine Zuversicht
Auf dich vertrau' ich und fürcht' mich nicht
Auf dich vertrau' ich und fürcht' mich nicht

Petrus und der Hahn

Petrus wird, kaum dass er Rückgrat zeigen kann, auf eine knallharte Probe gestellt. Er, der Jesus überallhin und sogar in den Tod nachfolgen will, wird eines besseren belehrt.

Jesus warnt ihn. Er weiß, dass Petrus ihn drei Mal verleugnen wird, bis der Hahn zum Morgen krähen wird. (vgl. Mk 14,26-31 und Mt 26,69-75)

Und hier dient Simon Petrus als gutes Beispiel für menschliches Verinnerlichen und Handeln.

Wie oft nehmen wir uns etwas ganz fest vor und wenn dann der reale Fall eintritt, dass ich nun handeln kann, dann kneifen wir und nichts passiert. Vielleicht gab es so eine Situation in der Fastenzeit. Ich habe mir ganz fest vorgenommen, auf bestimmte Dinge zu verzichten, und als ich dann konkret mit Situationen, Lebensmitteln oder anderem in Kontakt gekommen bin, habe ich mich doch nicht überwunden, nach meinem Vorsatz zu handeln und bin wieder in mein altes Fahrwasser oder die bekannte Gewohnheit zurückgefallen.

So einen Prozess erlebte in jener Nacht, in der Jesus vom Hohen Rat verhört wurde, ebenso Simon Petrus. Neugierig ist er und kommt mit, um vielleicht einschreiten oder helfen zu können. Aber er merkt recht schnell, dass er nichts ausrichten kann. Vielmehr meinen die Leute um ihn herum, ihn auch als einen von Jesu Jüngern zu erkennen. Bei diesen drei Anschuldigungen, die er zurückweist, wird ihm bewusst, wie unangenehm es ausgehen kann, wenn er auffliegen würde. Vielleicht würden sie ihn sogleich in Gewahrsam nehmen. Und er lügt. Sagt, dass er Jesus nicht kennen würde. Er schwört und verflucht sich selbst. Eine schlimmere Selbstverleugnung gibt es nicht.

Und dann wird es ihm beim Krähen des Hahns bewusst – *„Er ging hinaus und weinte bitterlich.“* (Mt 26,27)

Genau dieses Bewusstwerden der eigenen Schwäche hilft Petrus für sein zukünftiges Verhalten. Und Petrus wird auch für uns selbst zu einem perfekten Beispiel. Einerseits deswegen, damit wir nicht ständig irgendeinem abgehobenen Perfektionismus nachstreben und anhängen, sondern um zu erkennen, dass wir manchmal lieber weniger leisten können, aber das auch aus voller Überzeugung. Dann nützt es nicht nur uns, sondern auch anderen.

Erkennen wir an, dass wir nicht immer die Kontrolle über alles haben, dass wir oft mit den Worten gewaltige Gebilde aufbauen, die der Wind dann davon bläst. Aber wir schaffen auch vieles, wenn wir uns richtig hineinknien, wenn wir auch oft handeln, ohne sofort an alle erdenklichen Konsequenzen denken. Hier kommt meine Überzeugung ins Spiel und etwas, das uns ein ganzes Leben lang tragen will: Gottvertrauen.

Die Hände in Unschuld waschen

Seine Hände in Unschuld zu waschen, ist ein geflügeltes Wort geworden. „Also ich habe damit gar nichts zu tun, das geht nicht auf meine Kappe!", könnte man so ungefähr jemanden reden hören, der sich verteidigen muss.
Dieses Wort geht auf den damaligen Statthalter der Provinzen Judäa und Samaria, Pontius Pilatus, zurück, der in der Zeit von 26 bis 36 nach Christus vom römischen Kaiser Tiberius dort eingesetzt war.
Ihm hatten dic Hohenpriester Jesus ausgeliefert, denn ihnen stand es laut Gesetz nicht zu, dass sie Jesus hinrichten durften.
Und nun oblag es Pilatus, Jesus für frei oder schuldig zu erklären. Nachdem er sich mit Jesus unterhalten hatte, wusste er ihn keiner Straftat anzuklagen, und obwohl er ihn bereits brutal hatte geißeln lassen, tobte dennoch die Menge weiter und um einen Aufstand zu vermeiden, gab er dem Mob nach und Jesus dem Kreuzestod hin.
Kurz vorher *„ließ er Wasser bringen, wusch sich vor allen Leuten die Hände und sagte: Ich bin unschuldig am Blut dieses Menschen. Das ist eure Sache."* (Mt 27,24)
Eine mittlerweile berühmte Geste, die umgehend die eigene Unschuld beteuern soll. Die Frage bleibt, ob man manches so schnell von sich abwaschen kann?
Pilatus hätte womöglich anders handeln können, aber für welchen Preis? Andererseits sagt Jesus im Verhör zu ihm,

dass Pilatus keine Macht hätte, über ihn zu entscheiden, wenn es ihm nicht von Gott selbst so gegeben wäre. (vgl. Joh 19,9-12)

Vieleicht spricht der Freilassungsgedanke doch für das Gerechtigkeitsempfinden und die Menschlichkeit des Statthalters, aber auch er wird wie Judas wegweisend in die Geschichte eingehen, als Drahtzieher für Jesu Sterben. Und doch eine Notwendigkeit, damit sich die Schrift wiederum erfüllen kann.

Karfreitag

Wir kennen den Begriff eines „rabenschwarzen Tages“. Damit ist gemeint, dass es schwärzer nicht mehr geht. Für Christen erscheint gerade der Karfreitag als ein solcher Tag. Er ist der wohl traurigste Tag, den wir in unserem Glauben kennen.

In der Nacht vorher wurde Jesus verhaftet und ständig verhört, bis er letztlich dem Statthalter Pontius Pilatus übergeben wurde.

Derjenige, der von sich behauptet hat, Gottes Sohn zu sein, wird nun auf brutale Weise gegeißelt und geschlagen. Ihm wird der Balken seines eigenen Kreuzes aufgedrückt, um es durch die Straßen von Jerusalem hin auf seinen Hinrichtungsort vor der Stadt zu schleifen.

Seine Widersacher machen sich über ihn lustig, spucken ihn an und freuen sich, dass dieser Jesus nun endlich ans Kreuz genagelt wird.

Und Jesu Freunde und Anhänger können nichts mehr ausrichten. Ihre Stimmen versiegen; er registriert die Tränen und die Klagen der Frauen, die er am Wegesrand aus den Augenwinkeln wahrnimmt.

Und dann um 15 Uhr ist es soweit. Kein Zurück. Niemand, der etwas dagegen unternimmt. Keiner sagt, dass hier ein Unrecht passiert, dass ein Unschuldiger umgebracht werden soll.

Und so ringt Jesus mit dem Tod. Solange bis er seinen Geist aushaucht und selbst sagt: *„Es ist vollbracht.“* (Joh 19,30)

Wir müssen von Jesus Abschied nehmen. Wir leiden mit ihm. Nichts wird mehr sein, wie es einmal war.

Wenn wir schon einmal einen lieben Menschen verloren haben, dann wissen wir selbst, wie es sich anfühlt, diesen

Abschied ertragen und aushalten zu müssen. Wir bleiben dann zurück und wir merken sehr schnell, dass das bekannte Leben dieses Menschen eine Lücke, wie groß auch immer, von jetzt auf gleich aufreißt. Wir trauern. Und Trauer ist ein Prozess, den alle auf ihre persönliche Weise durchleben und meistern müssen.
Am Karfreitag betrauern wir den Tod Jesu.
Wir haben zwar seine Worte im Hinterkopf, dass sich etwas in drei Tagen ereignen wird, aber dennoch befinden wir uns jetzt in dem Moment seines Todes, den wir gebührend und in alle Würde begehen. Voll Achtung blicken wir auf das Kreuz, an dem Jesus aus dieser Welt hinausgeht, und halten inne – überdenken unser Leben und lassen seine Worte auf uns wirken.

So können wir uns fragen:

- Was empfinde ich, wenn ich Jesus dort am Kreuz hängend sehe?
- Warum ist Jesus auch für mich gestorben?
- Welche Bedeutung messe ich dem Karfreitag zu?
- Wie stehe ich zu Sterben und Tod?

Kreuzwege …

Das sind die Wege, die weh tun. Von manchem Weg, den wir schon gegangen sind, haben wir schon einmal gesagt, dass er wie ein Kreuzweg war.
Weg und Kreuz. Weg mit Kreuz. Stationen eines Weges, um ihn mitzugehen.
Wir kennen, wenn wir einen Kreuzweg beten, 14 Stationen, an denen wir kurz innehalten und an das Leiden Jesu denken:

Station 1: Jesus wird zum Tode verurteilt

Nun sind die Würfel gefallen. Die Hohenpriester und das Volk skandieren und jubeln über die Entscheidung. Welche Gedanken gehen Jesus in dem Moment wohl durch den Kopf? Er ist bereits unglaublich entkräftet durch die Folter.

Station 2: Jesus nimmt das Kreuz auf seine Schultern

Nicht einmal diese Last nehmen sie dem geschwächten Jesus ab. Nein, auch hier lastet all das Ungerechte und die Schande auf ihm. Für alle Beteiligten wird das mehr als sichtbar.

Station 3: Jesus fällt zum ersten Mal unter dem Kreuz

Jesu Körper bricht nun unter dieser Last zusammen. Für einen Mensch ist diese Last kaum zu tragen. Doch ihm bleibt keine Zeit für eine Pause. Er wird genötigt, wieder aufzustehen und weiter durch die Stadt zu gehen.

Station 4: Jesus begegnet seiner Mutter

Hier wird die spätere Begegnung zwischen Jesus und seiner Mutter, die er mit anderen unter dem Kreuz wiedersieht, in den Mittelpunkt gestellt.
Es besteht ein wichtiges Band zwischen Mutter und Sohn. Für Jesus ist es wichtig zu wissen, dass es Maria nach seinem Tod gut gehen wird, und regelt das sogar noch vom Kreuz herab. Wenn auch schwer, dann ist das für eine Mutter ein einzigartiges Zeichen, wie wichtig sie für ihn ist.

Station 5: Simon von Zyrene hilft Jesus das Kreuz tragen

Simon, der eigentlich nach einem Tag harter Feldarbeit auf dem Nachhauseweg ist, wird von den Soldaten

genötigt, das Kreuz für Jesus zu tragen. Und wieder ist es ein einfacher Mensch, der unmittelbar und ohne Zögern dieser Aufgabe nachkommt.
Wie damals die Hirten an Jesu Geburt dieses Ereignis erleben durften, ist es auch jetzt wieder ein normaler, einfacher Mann, der an Jesu noch kurzem Leben teilhaben darf. Für uns heißt das, ebenso das Kreuz Jesu auf unsere Schulter zu nehmen, wenn uns jemand darum bittet.

Station 6: Veronika reicht Jesus das Schweißtuch

In der vom Augsburger Bildhauer, Christian Sechser, geschaffenen Szene auf Seite 94 nimmt die biblisch nicht erwähnte Veronika Gestalt an. Jesus darf sich mit diesem Tuch das Blut und den Schweiß abwischen. In diesem Tuch und jenem Moment bildet sich die wahre Passion ab, hier zeigt sich wie auf einem Foto die ungeschminkte Wahrheit über die Passion Jesu.

Station 7: Jesus fällt zum zweiten Mal unter dem Kreuz

Die Schuld der Welt auf seine Schulter zu nehmen, ist kein Kinderspiel und schon gar nicht mit irgendwelchen Gewichten oder Sonstigem zu vergleichen. Trotzdem, Jesus sammelt sich wieder und er wird die Kraft aufbringen, bis zu dem Opferplatz weiterzugehen.

Station 8: Jesus begegnet den weinenden Frauen

Nicht alle haben sich gegen Jesus verschworen und wollen seinen Tod. Auch wenn die Frauen nichts auszurichten vermögen, können sie ihre Trauer und ihre Tränen um die Ungerechtigkeit, die Jesus erfahren muss, nicht zurückhalten.

Er gibt ihnen aber auch auf ihren Weg mit, dass die Zeit seines Leidens nur von temporärer Dauer ist. Glaubt an seine Worte!

Station 9: Jesus fällt zum dritten Mal unter dem Kreuz

Und wieder raubt es Jesus die Kraft. Aus welchem Grund sollte er denn jetzt überhaupt noch aufstehen, es ist doch kein Ziel in Sicht? Doch an diesem Kreuz wird sich das Schicksal der Menschen ändern. Aus diesem Grund hält Jesus durch, nicht für sich, sondern für uns.

Station 10: Jesus wird seiner Kleider beraubt

Nicht einmal seine Kleidung wird Jesus gelassen. Entblößt und erniedrigt soll er die letzten Momente seines Lebens ausharren, zum Gespött der Leute und vor allem derer, die ihn verachten und für die er unbequem geworden ist. Er soll zum Mahnmal werden, ein für alle Mal.

Station 11: Jesus wird an das Kreuz genagelt

Sein geschundener Körper findet nun Verbindung mit dem Holz des Kreuzes. Nägel durchdringen seine Hände und Füße. Und wieder fließt sein Blut. Nun beginnt das Ringen mit dem Tod. Jesus nimmt Abschied von der Welt.

Station 12: Jesus stirbt am Kreuz

„Vater in deine Hände lege ich meinen Geist. Nach diesen Worten hauchte er den Geist aus." (Lk 23,46) Nein, Gott hat seinen Sohn nicht verlassen, auch wenn es zwischendurch den Anschein gehabt haben möge. Jesus haucht den Geist des Lebens aus. Zurück bleibt sein lebloser Körper. Doch sein Geist wird in seinen neuen Körper zurückkehren,

dem niemals jemand mehr Schaden bringen wird. Doch zunächst herrscht die Dunkelheit über dem Land.

Station 13: Jesus wird vom Kreuz abgenommen und in den Schoß seiner Mutter gelegt

Ein Albtraum für jede Mutter. Ihr Kind, das sie auf die Welt gebracht, aufgezogen und im Leben begleitet hat, liegt nun reglos bei ihr. Für Jesus hat das Martyrium nun ein Ende. Er findet Frieden im Schoß seiner Mutter, einer wunderbar starken Frau, die auch in diesem Moment fest daran hält, dass Gottes Plan aufgehen wird.

Station 14: Der heilige Leichnam Jesu wird in das Grab gelegt

Der Mensch Jesu findet seine temporäre Ruhestätte. Die Leiden des Tages sind vorüber. Seine Wunden werden für immer sichtbar bleiben. Aber das Grab wird bald wieder leer sein, das er, der Auferstandene, verlassen hat.

Nicht mein, sondern dein Wille

Ach ja, um diese Worte zu sprechen, bedarf es einem großen Stück Demut, um sich auf den anderen einzulassen.
Wenn wir Kindern zuschauen, wie sie spielen und die Welt entdecken, dann bemerken wir auch, wie sie mit ihrem Willen gegen andere Kinder oder die eigenen Eltern agieren.
Und die Psychologie wird sagen, dass es gut ist, dass wir einen eigenen Willen entwickeln, dass wir wissen, was wir wollen und uns durchsetzen können.
Wir wollen keine willenlosen Wesen sein, die von anderen herumkommandiert werden, sondern Individuen mit Charakter, Willensstärke und Ausstrahlung. Und das ist auch gut so. Dafür kommen wir alle auf diese Welt. Denn wir werden für unsere Anliegen, für unsere Arbeit und das, was uns wichtig ist, auftreten und einstehen müssen.
Und dennoch sagt Jesus, der Messias, zu seinem Vater, es wäre nicht unbedingt sein Weg, der nun ansteht, aber er wisse es besser, dass er hier durch muss; also soll seines Vaters Willen Vorrang haben. (vgl. Lk 22,42) Und er fügt sich, so wie er es auch uns beim Vater-unser-Gebet gelehrt hat.
Wir sollen und dürfen unseren festen Willen haben und wir können uns aber dennoch auch ständig in Gottes Arme geben, um auszuruhen, uns Rat zu holen und uns wieder auf Kurs zu bringen.

Das Symbol des Kreuzes

Tausende ragten seiner Zeit in den Himmel empor.
Hab Acht und fordere das Regime nicht heraus!
Ein Zeichen dafür, wenn Menschen zu Bestien werden.
Ein Sinnbild dafür, dass es eine dunkle Macht in Leuten gibt, die sich zum Herrn über Leben und Tod aufspielt.
Kein Glanzstück humaner Ideenvielfalt und positiver Schaffenskraft.
Keine Visitenkarte für Menschlichkeit.
Ein Blick in den tiefen Abgrund unendlich kranker Seelen.
Menschen ohne irgendetwas.
Menschen, die im Grunde keine sind.
Menschen die nicht berechtig wären, auch nur kurz zu atmen.
Aus allem Leid, der Folter und der Qual, ragt trotz allem ein neuer Funke hervor und verliert sich so im Himmel.
Geerdet mit allem Schmerz – kein Entrinnen.
Doch das wird nicht das Ende sein. Das Böse wird niemals gewinnen.
Ein Kreuz steht heut' für Leben und dafür, dass das Leben siegen wird. Immer und in Ewigkeit.

Geschichten unterm Kreuz

Wer weiß schon, was sich unter dem Kreuz alles abgespielt hat:

Vielleicht wurden Menschen zu Glaubenden.

Vielleicht gingen manchen die Augen auf.

Vielleicht trafen einander Menschen, die sich schon lange aus den Augen verloren hatten.

Vielleicht konnten einige zum ersten Mal seit langem wieder weinen.

Vielleicht haben Leute ihr bisheriges Leben einmal überdacht.

Vielleicht schlossen einige wieder Frieden.

Vielleicht ließen manche Gott in ihr Herz schauen.

Vielleicht denken viele, dass Jesus das nur für sie auf sich genommen hat, um Leben zu stiften.

Vielleicht ist das der größte Liebesbeweis, den man miterleben und beobachten kann.

Die Erfüllung der Schrift

Wie auch immer; die Schrift irrt sich nicht – der Nachkomme aus der Familie Davids ist auf die Welt gekommen. Und er wird sein Leben führen und es beenden, so wie es aufgeschrieben steht.

„So sollte sich das Schriftwort erfüllen: Sie verteilten meine Kleider unter sich und warfen das Los um mein Gewand.“ (Joh 19,24)

Und die Soldaten zerschlugen dem Toten Jesus seine Beine nicht, doch sie schauten zu dem hinauf, dem sie mit einer Lanze in die Seite gestoßen hatten. (vgl. Joh 19,36-37)

Auf die Worte ist Verlass, von der Geburt bis hin zum Tod und zur Auferstehung.

Das klingt so, als wenn alles nach Drehbuch verlaufen würde.

Aber Jesu Leiden am Kreuz war nicht gespielt. Keine Inszenierung. Ein Ringen mit dem Tod. Ein wahres Opfer. Momente, die man schwer mit Worten beschreiben kann. Die allerdings notwendig sind – für uns.

Der Vorhang, die Dunkelheit und das Erdbeben

Allen Anwesenden in dieser Todesatmosphäre wird aufgrund der Naturgewalt deutlich, dass hier etwas wirklich Einzigartiges geschieht.

„Es war etwa um die sechste Stunde, als eine Finsternis über das ganze Land hereinbrach. Sie dauerte bis zur neunten Stunde. Die Sonne verdunkelte sich. Der Vorhang im Tempel riss mitten entzwei.“ (Lk 23,44-45)
„Die Erde bebte, und die Felsen spalteten sich.“ (Mt 27,51)

Wie mag es wohl den Involvierten und all den Schaulustigen ergangen sein, die damals vor Ort dabei waren? Den Spöttern dürfte ziemlich das Lachen vergangen sein angesichts der Naturereignisse.
Die Sonne verfinstert den Tag, ein Zeichen, dass eine große Trauer die Welt heimsuchen wird.
Und dann im Moment des Sterbens Jesu – bei Lukas passiert es kurz vor Jesu Tod und in der Überlieferung bei Matthäus kurz nach Jesu Versterben – reißt nun dieser Vorhang im Tempel von Jerusalem, wie die Schrift sagt, entzwei. Was passiert hier?
Der Vorhang im Tempel schirmte den Bereich der Gläubigen zum Allerheiligsten, also zu Gott, ab. Nur die Hohenpriester traten dem Ritus nach einmal im Jahr hinter diesen Vorhang.
Jesu Tod hat aber keine trennende Wirkung der Menschen auf Gott, sondern dadurch, dass sich Jesu als Lamm Gottes sieht und nun selbst zum Opfer für die Schuld unserer Fehler und Sünden geworden ist, kommen wir nun Gott wirklich nah.

Er nimmt mit Jesu Tod dieses trennende Element beiseite. Wir brauchen fortan keine Opferriten mehr abzuhalten. Wir können nun ohne Trennung und Fürsprecher direkt mit Gott in Beziehung kommen. Heute ist es für uns selbstverständlich geworden, dass wir eine persönliche Beziehung mit Gott führen können – das entstammt genau aus dem damaligen Moment.

Gott nimmt sich mir direkt an; er ist für mich da und ich kann jederzeit an jedem Ort mit ihm kommunizieren. Er ist für mich da auf ganz direkte Weise.

Die Menschen konnten das damals noch nicht ermessen, denn: „*Und alle, die zu diesem Schauspiel herbeigeströmt waren und sahen, was sich ereignet hatte, schlugen sich an die Brust und gingen betroffen weg.*“ (Lk 23,44-48)

Gut ist, dass die Menschen auf jeden Fall einmal betroffen wurden, denn so gibt es Raum, um über die Ereignisse nachzudenken, die vorgefallen sind und welche Ausmaße sie letztlich für sie und für alle nachfolgenden Generationen haben werden.

Und dann gibt es auch noch dieses Erdbeben, der Boden wackelt, die Felsspalten öffnen sich. Durch Mark und Bein schüttelt sich dieser Moment unwiderruflich in die Gedächtnisse der Leute ein.

Jetzt ist es passiert. Mit Jesu Tod, mit dem Vergießen seines Opferblutes, erhalten wir ohne Wenn und Aber die Chance auf ein Leben mit Gott in Ewigkeit. Bei Matthäus wird anschließend erwähnt, dass nach dem Erdbeben, die ersten Toten auferweckt worden seien. Also tritt Gottes Verheißung unmittelbar zum Zeugnis für uns auf und nimmt uns von Anbeginn an jeglichen Zweifel weg.

Unfassbar: Jesus stirbt!

Als Messias wurde er überall sehnsüchtig erwartet. Als einer, der das Volk anführen und es als König regieren könnte.

Aber nun stirbt der Hoffnungsträger an diesem Kreuz. Gottes Sohn nimmt hier den bitteren Kelch an und somit all die Verfehlungen der Menschen. Gott könnte einschreiten, seinen Sohn retten und denen Rache antun, die Jesus nun an das Kreuz geschlagen haben. Aber nein, Jesus ist nicht von Rache und Vergeltung getrieben, sondern einzig und allein von der Liebe zu uns Menschen. Was gibt es Größeres, als wenn ein Mensch sein Leben aus Liebe für seine Freunde hingibt? (vgl. Joh 15,13)

So sagte es Jesus einmal und er selbst strahlt diese Güte noch während den Momenten vor seinem Tod am Kreuz aus.

Er nimmt unsere Sünden auf seine Schultern, vergibt vor allem denen, die ihn verachten und verspotten. Haben die Menschen damals überhaupt verstanden, was Jesus tatsächlich auf sich genommen hat?

Vielleicht waren seine Anhänger nur entsetzt, dass er, auf den sie ihre Hoffnung gesetzt hatten, nun dieses bittere Ende gefunden hat. Vielleicht kamen Zweifel auf, ob seine Worte denn überhaupt wahr gewesen sind und er wirklich Gottes Sohn gewesen ist.

Kurz vor Jesu Tod brach diese Dunkelheit über das Land herein. Es war zu spüren, dass sich hier etwas nicht Alltägliches ereignet. Jesus spricht seine letzten Worte: *„Vater, in deine Hände lege ich meinen Geist.“* (Lk 23,46) Und ferner wie Johannes schreibt: *„Es ist vollbracht!“* (Joh 19,30). Sodann habe er seinen Kopf geneigt und seinen

Geist aufgegeben. In jenem Moment riss der Vorhang im Tempel durch – ein Zeichen dafür, dass das Trennende zwischen Mensch und Gott nun überwunden war. Und die Soldaten, die das zeitgleiche Beben der Erde miterlebten, wussten, dass der Gekreuzigte kein normaler Mensch gewesen sein konnte, denn sie sagten: *„Wahrhaftig, das war Gottes Sohn.“* (Mt 27,54)

Wir können festhalten, dass Jesus, Gottes Sohn, damals gegen 15 Uhr sein Leben aus Liebe für seine Freunde und für alle Menschen hingegeben hat.

Zunächst blieben Verzweiflung und Trauer. Fassungslosigkeit ließ seine Gefährten erstarren. Wie es nun weitergehen würde, war wohl niemandem klar.
Es scheint, als habe der Tod gesiegt, als wäre die Saat, die gerade erst aufgehen sollte, bereits vernichtet worden. Doch heute wissen wir, dass der Schein trügt. Diese Dunkelheit von damals wird nicht siegen, sondern das Licht.

Meine Trauer – Zeichen von Trauer

Trauer hat viele unterschiedliche Gesichter. Jeder geht mit seiner Trauer ganz individuell um.
Wir verneinen, wollen das Geschehene nicht wahrhaben, versuchen Wege zu finden, um es rückgängig zu machen. Aber nein, es hilft alles nichts, wir sind in dieser Situation und wir müssen durch die Trauerzeit hindurch.
Wir weinen und klagen. Wir schreien und verstummen. Wir sind fassungslos und haben alle Hoffnung aufgegeben. Jeder trauert anders. Zurückgezogen oder zusammen mit

anderen. Schmerzen, die man fühlt, fühlt man eben nur selbst und kann anderen bloß davon erzählen.
Wir wählen schwarz als Farbe des Verlustes, aus Pietät oder weil wir kein Licht am Horizont mehr erkennen. Plötzlich ist alles anders, eine Lücke klafft auf, die zuvor doch mehr als sichtbar war. Irgendwann rückt es ins Bewusstsein, dass wir Abschied nehmen müssen. Von Liebgewonnenem, von Gewohntem, von Ans-Herz-Gewachsenem. Trauern ist ein Prozess. Ihn kann man nicht planen. Wir müssen ihn annehmen, wenn er zu uns kommt.
Doch Jesu Grabgewand war nicht schwarz. Als er bereits auferstanden ist und das Felsengrab verlassen hat, finden die Frauen nur den hellen Leinenstoff vor, in den Jesus drei Tage zuvor eingewickelt worden war.
Daraus ist ein Gewand der Freude entstanden, die Trauer hat ihren schlimmsten Weg absolviert. Das Licht des Lebens bricht herein und nimmt all die Zeichen von Trauer hinweg.
In der Offenbarung erfahren wir, dass wir uns um Trauer einmal keine Gedanken mehr machen brauchen:

„Er wird alle Tränen von ihren Augen abwischen: Der Tod wird nicht mehr sein, keine Trauer, keine Klage, keine Mühsal. Denn was früher war, ist vergangen." (Off 21,4)

Diese Worte geben allen Anlass zur Hoffnung, dass wir unsere Trauer, die wir heute oder morgen verarbeiten und aushalten müssen, einmal komplett abgeben werden. Dann wird sie nur noch vergangen sein.

Josef aus Arimathäa

„Damals gehörte zu den Mitgliedern des Hohen Rates ein Mann namens Josef, der aus der jüdischen Stadt Arimathäa stammte. Er wartete auf das Reich Gottes und hatte dem, was die anderen beschlossen und taten, nicht zugestimmt, weil er gut und gerecht war.
Er ging zu Pilatus und bat um den Leichnam Jesu. Und er nahm ihn vom Kreuz, hüllte ihn in ein Leinentuch und legte ihn in ein Felsengrab, in dem noch niemand bestattet worden war. Das war am Rüsttag, kurz bevor der Sabbat anbrach. Die Frauen, die mit Jesus aus Galiläa gekommen waren, gaben ihm das Geleit und sahen zu, wie der Leichnam in das Grab gelegt wurde.“
(Lk, 23,50-53)
Hier kann Pilatus wiederum zeigen, dass er Menschlichkeit besitzt, indem er Jesu Körper für eine Bestattung nach jüdischen Brauch frei gibt.
So gibt Josef zusammen mit Nikodemus Jesus die letzte Ehre, hüllt seinen Körper in Tücher und sie salben ihn mit Aloe und Myrrhe. (vgl. Joh 19,31-42)
Nachdem das Felsengrab versiegelt wurde, scheint Jesu Tod und somit das Ende des sogenannten König der Juden für besiegelt. Für den Moment ja.

Die drei Tage

Aus und vorbei. Die Show ist vorüber, alle sind wieder nach Hause gegangen.
Die Schädelhöhe liegt wüst und erstarrt vor der Stadt.
Die Mächtigen haben nun ihr Ziel erreicht. Unbequeme Leute werden beseitigt. Jesus war so ein Aufrührer, einer, der ihnen gar nicht in den Kram gepasst hat.
Und nachdem er so kläglich am Kreuz hing und bereits als erster der drei verurteilten Männer verstarb, war er bestimmt nicht Gottes Sohn.
Die einen freuen sich, die anderen fürchten sich nun, wieder andere hoffen, dass sich Jesu Worte irgendwie erfüllen mögen.
Es braucht Zeit.
Diese Zeit muss ausgehalten werden.
Es wird sich zeigen, ob Jesu Worte der Probe nun standhalten werden.
Wer Jesus kennengelernt hat, weiß, dass sie sich erfüllen werden und die Freude von Jesu Feinden mit dem Morgen des dritten Tages erlöschen wird.

Der Engel am Grab

Die Boten Gottes sind immer für eine Überraschung gut. Gott entsendet sie zu besonderen Gelegenheiten, um wichtige Nachrichten überbringen zu lassen. Dabei handelt es sich nicht um irgendjemand Unscheinbaren, sondern um imposante Persönlichkeiten, wie auch jener: *„Seine Gestalt leuchtete wie ein Blitz, und sein Gewand war weiß wie Schnee."* (Mt 28,3)

Damit ist schon einmal grundsätzlich geklärt, dass es sich hier um eine einzigartige Person handeln muss.

„Fürchtet auch nicht!", sagt er zu den drei Frauen, die zur Grabstätte gekommen sind, *„Ich weiß, ihr sucht Jesus, den Gekreuzigten. Er ist nicht hier; denn er ist auferstanden, wie er gesagt hat. Kommt her und seht euch die Stelle an, wo er lag. Dann geht schnell zu seinen Jüngern und sagt ihnen: Er ist von den Toten auferstanden. Er geht euch voraus nach Galiläa; dort werdet ihr ihn sehen."* (Mt 28 5-7)

Und wieder kann man beim Weiterlesen im Vers 8 erfahren, dass die Frauen beim Weggehen zwar Freude, aber ebenso auch richtige Frucht verspürten.
Diese Gestalt und die Art, wie dieser Engel gesprochen haben musste, waren so eindrucksvoll, dass es die Zuhörer auf bestimmte Art stark betroffen machte und sie auf ganze Weise körperlich und seelisch angesprochen wurden.
Vielleicht muss dieses Auftreten auch so sein, damit die Infos auch wirklich vollkommen und unmissverständlich beim jeweiligen Adressaten, wie hier bei den Frauen, ankommen. So weiß man, dass dieses Treffen trotz aller Surrealität tatsächlich stattgefunden hat. Und die Botschaft kommt an: Jesus hat Wort gehalten, es gibt in Kürze ein Wiedersehen mit ihm – freut euch darauf!

Das Licht des Ostermorgens

Der Morgen des dritten Tages bricht mit einem hellen Licht heran. Es ist das Licht des Lebens. Ostern bricht herein:

Erhelle du mich, Herr, mit deinem Licht.
Nimm fort die dunklen Seiten in meinem Leben, in denen ich dachte, verborgen vor dir handeln zu können oder zu müssen.
Bring du dein Licht zu mir, denn dann muss ich nicht mehr im Verborgenen leben, dann kann ich alles offen legen, dann erlebe ich, was es heißt, frei zu sein.
Begleite du mich mit deinem Licht, wenn ich in meinem Leben wieder einmal dunkle Pfade entlanggehen muss.

Nimm jegliche Furcht und Angst von mir. Schenke mir
mit deinem hellen Licht die Stärke, auf dich zu vertrauen
und nach deinem Wunsch zu handeln.
Stecke du mich an mit der Freude des Ostermorgens,
damit ich sie in meinem Herzen trage und weitergebe.

Die Auferstehungsfeier

Christen auf der ganzen Welt freuen sich auf diesen ersten Tag der Woche.

Am Morgen, noch bevor das erste Morgenlicht erwacht, versammeln sich die Gläubigen, um der Auferstehung Jesu zu gedenken und gemeinsam Gottesdienst zu feiern. Drei Tage der Dunkelheit liegen hinter den Menschen. Noch bevor der Morgen hereinbricht, erleben alle nochmals in der Dunkelheit, wie der Raum, in dem sie sich versammelt haben, ohne Leben ruht.

Nur die Flammen des Osterfeuers dringen hinein und zeichnen erste Schattierungen an die Wände.

Zu Beginn der Eucharistie werden die Worte „Lumen Christi“ vom Priester gesungen. Im ersten Licht an der Osterkerze erkennen wir den Heiland und Retter – es ist das Zeichen und das Licht des Christus. Wir dürfen uns über dieses Zeichen freuen und feiern gemeinsam in einen wunderbaren, neuen Morgen hinein.

„Deo gratias“ – dem Herrn sei Dank gesagt.

Jesus lebt!

Halleluja, Jesus ist von den Toten auferstanden. Er, der Sieger über den Tod, macht seine Ankündigungen wahr. Die Trauer der vergangenen Tage schlägt in pure Freude um. Mit Jesus dürfen auch wir auf dieses ewige Leben hoffen. Der Tod ist auch für uns nun keine Bedrohung mehr. Musikalisch drückt kein anderes Kirchenlied diese Osterfreude besser aus, als das Stück „Jesus lebt!". In ihm vereint sich die Freude über Jesu Sieg mit der tiefen

Zuversicht der Gläubigen, zusammen mit Jesus ein ewiges Leben eingehen zu dürfen. Die Melodie von Johann Crüger gibt den Versen von Christian Fürchtegott Gellert einen imposanten starken Nachdruck, der, gesungen von der versammelten Kirchengemeinde, einzigartig zur Geltung kommt. Folgende Strophen umfasst das Lebens-Lied:

1. Jesus lebt, mit ihm auch ich! Tod, wo sind nun deine Schrecken? Er, er lebt und wird auch mich von den Toten auferwecken. Er verklärt mich in sein Licht; dies ist meine Zuversicht.

2. Jesus lebt! Ihm ist das Reich über alle Welt gegeben; mit ihm werd auch ich zugleich ewig herrschen, ewig leben. Gott erfüllt, was er verspricht; dies ist meine Zuversicht.

3. Jesus lebt! Wer nun verzagt, lästert ihn und Gottes Ehre. Gnade hat er zugesagt, dass der Sünder sich bekehre. Gott verstößt in Christus nicht; dies ist meine Zuversicht.

4. Jesus lebt! Sein Heil ist mein, sein sei auch mein ganzes Leben; reines Herzens will ich sein und den Lüsten widerstreben. Er verlässt den Schwachen nicht; dies ist meine Zuversicht.

5. Jesus lebt! Ich bin gewiss, nichts soll mich von Jesus scheiden, keine Macht der Finsternis, keine Herrlichkeit, kein Leiden. Er gibt Kraft zu dieser Pflicht; dies ist meine Zuversicht.

6. Jesus lebt! Nun ist der Tod mir der Eingang in das Leben. Welchen Trost in Todesnot wird er meiner Seele geben, wenn sie gläubig zu ihm spricht: Herr, Herr, meine Zuversicht!

Ostern – der christliche Ur-Feiertag

Ostern kennen wir einerseits aus seiner lateinischen Wortbedeutung „Pascha“ und von der hebräischen „Pessach“. Jesu Tod und Sterben fiel damals auch auf ein Paschafest der Juden. Die inhaltliche Bedeutung heißt Durchgang und meint das göttliche Durchgehen des Heiligen Gottes, der an den mit Blut angestrichenen Türstöcken die Häuser der Juden erkannte und schließlich vorüberging, ohne ihnen zu schaden. (vgl. 2 Mose 12,1ff)

Daraufhin führte er, mit Mose an der Spitze, sein Volk aus den Händen der Ägypter hinaus und gab ihm seine Freiheit zurück. Dieser Text aus dem Alten Testament ist heute fester Bestandteil der Lesungen in der Auferstehungsfeier.
Hier fällt die Erinnerung an damals und an das neue Ostern zusammen.
„Am ersten Tag der Woche kamen sie in aller Frühe zum Grab, als eben die Sonne aufging.“ (Mk 16,2) Die Stelle aus dem Markusevangelium erzählt von den drei Frauen, die mit wertvollen Ölen zum Grab Jesu aufgebrochen waren.
Sie sind also ganz in der Frühe da, gerade als sich das erste Licht, der erste Morgenstrahl zeigt und die anderen noch nicht unterwegs sind. Im nächsten Augenblick werden sie erfahren, was in dieser frühen Stunde des Tages

bereits geschehen ist: Das neue Ostern ist angebrochen. Jesus liegt nicht mehr in diesem Grab, sie finden keinen Leichnam vor, den sie würden salben können.
Von Osten, so können wir es täglich selbst sehen, bricht der neue Tag herein. Hier leitete bereits der Benediktinermönch Honorius von Autun die Himmelsrichtung Osten für Ostern ab. Und natürlich lässt sich auch ein wunderbarer Zusammenhang hier herstellen, besonders in Verbindung mit den Worten aus der Heiligen Schrift.
Der deutsche Namenkundler Jürgen Udolph sieht noch einen anderen Zusammenhang zur Entstehung von der Begrifflichkeit Ostern. In der Geschichte der Kirche war es bald Usus, dass sich Menschen in der Morgenstunde des Ostertages taufen ließen. So wurde Udolph im Nordgermanischen fündig bei „ausa“ und „austr“, was so viel bedeutet, wie „gießen“ und „begießen“.
Mit dem Aufkommen des neuen Tages, dem Beginn der Tauftradition – auch heute werden im Rahmen der Auferstehungsfeiern immer wieder gerne Taufen gespendet – und dem Aufbruch in ein neues Leben, wie die Israeliten damals, lassen sich viele Details auf unser heutiges Ostern vereinen und gibt ihm dadurch noch einmal eine besondere Kraft und Stärke.

Segnung der Speisen

Die Speisen zu segnen, die die Gläubigen in die Auferstehungsfeiern mitbringen, hat eine lange und tiefgehende Tradition.
Wir kommen besonders in der Freude, dass Jesus von den Toten auferstanden ist, zusammen und auch, um mit ihm Mahl zu halten, so wie er es sich von uns gewünscht hat. Aber damit nicht genug; angesteckt von der österlichen Freude in unseren Herzen, sind wir aufgerufen, dieses Ereignis hinaus zu tragen und auch in unsere Familien hineinzunehmen.
So kommen nun die Körbchen ins Spiel, deren Inhalt am Ende der Gottesdienste im Rahmen einer Speisenweihe gesegnet wird.
In den Osterkörben findet sich alles, auf das man sich nach der langen Fastenzeit freut, aber auch zu einem herzhaften und leckeren Frühstück gehört: Eier, Schinken, Brot, Salz, Butter, Fladen und Osterlämmchen, Schokoladenhäschen und noch einiges mehr. So kommt der österliche Segen direkt auf die heimischen Tische.

Mitunter haben die Zutaten eines typischen Osterkorbes auch eine spezielle Bedeutung:
So gelten ja Eier als Symbol für Fruchtbarkeit und Leben, ebenso wie die Schokoladenhäschen. Das Osterlamm, meistens aus feinem Rührteig gebacken, ist ein Zeichen für eine friedfertige Lebensweise und Unschuld, übertragen auf die Person Jesu. Im Brot nehmen wir Jesu Worte vom Abendmahl mit seinen Jüngern an unseren Tisch. Im Wein lässt sich ebenso die Brücke zum Abendmahl schlagen, so dass er für das gemeinschaftliche Leben und die Freude steht. Letztendlich beinhaltet diese Tradition auch die Möglichkeit, seinen Glauben tatkräftig nach außen zu tragen und Gott zu danken, dass er uns mit so reichhaltigen Nahrungsmitteln versorgt, die uns schmekken und mit Freunden und Familie zusammenbringen.

Das Osterlachen

Bis ins 19. Jahrhundert galt das Osterlachen als fester Bestandteil in der Osterpredigt des Priesters, um die Gemeinde zum Lachen anzuregen. Auf diese Weise sollte die Osterfreude auf eine andere Weise nochmals zur Geltung kommen. Dennoch hat sich dieses Brauchtum bis heute erhalten. Wenn auch öfters nicht mehr in der Predigt, sondern zum Schluss der Osterfeier, so halten doch manche Priester diesen Brauch weiterhin hoch, und achten aber darauf, den Witz einerseits im religiösen Rahmen einzubetten und ihn andererseits direkt mit der Osterbotschaft zu verbinden. Zwei Kostproben von überlieferten Osterwitzen erzählte einmal der gebürtige Dillinger Priester Dr. Rainer Florie:

Am Abend des Karfreitags kommt Josef von Arimathäa zu sich nach Hause, sehr erschöpft von diesem Tag und von all dem, was er gebracht hat. Er kann alles noch gar nicht richtig einordnen:
Die Ratssitzung, die Hinrichtung Jesu und schließlich seinen Entschluss, für das Begräbnis Jesu zu sorgen mit seinem eigenen Grab.
Dies muss er erst noch verarbeiten.
Und daheim trifft er seine Frau und sagt zu ihr:
„Du glaubst nicht, was heute alles geschehen ist mit diesem Jesus, über den wir ja schon so oft gesprochen haben! Sie haben ihn hingerichtet und da habe ich mich kurzerhand entschlossen, ihm unser Grab zur Verfügung zu stellen."
Seine Frau wird bleich und sagt: „Wie konntest du nur? Du weißt doch, wie viel Geld uns dieses Grab gekostet hat! Und welch' hervorragende Lage das hat, so nah bei der Stadt, das kriegen wir nie wieder. So viel Mühe und so viele Überlegungen stecken da drin. Und du gibst es einfach aus einer Laune heraus her."
Und sie regt sich weiterhin furchtbar darüber auf.
Doch Josef von Arimathäa sagt zu ihr:
„Jetzt reg' dich doch nicht so auf, es ist doch nur für's Wochenende."

Der kleine Alois wohnt in einem abgelegenen Bergdorf. Und nicht einmal das, er wohnt auf einer nochmals vom Dorf weit entlegenen, kleinen Alm. In die Schule geht er im Dorf und eines Tages kommt er auf die Alm zurück mit einer Sechs in Religion.

Daraufhin ist sein Vater sehr aufgebracht, macht sich auf, geht ins Dorf hinunter und sagt zum Pfarrer: „Ja, wie konnte denn das nur geschehen? Was haben Sie denn meinen Alois gefragt?“

Darauf erwidert der Pfarrer: „Ich habe nichts schweres abgefragt, ich habe ihn nur gefragt, wann Jesus gestorben ist.“

Hierauf antwortet der Vater: „Mei, das müssen Sie verstehen, wir leben doch so weit weg vom Dorf. Wir wussten ja nicht einmal, dass dieser Jesus krank war.“

Das Feuer der Osternacht

Feuer hat seit jeher seinen ganz besonderen Reiz. Es besitzt eine ungeahnte Kraft und kann ganze Landstriche niederbrennen, ohne dass man es einbremsen könnte. Wir kennen die Redensart, dass man mit dem Feuer nicht spielen sollte, und können es auf die unterschiedlichsten Lebensbereiche übertragen.

Doch mit der Möglichkeit, Feuer zu kontrollieren und so seinen enormen Nutzen in unser alltägliches Leben zu übernehmen, haben wir wirklichen Fortschritt in unserer Menschheitsgeschichte erlebt. Jede Kerze, die wir abends zu einem gemütlichen Abendessen entzünden, sagt uns, welch' behagliche Atmosphäre ihre Flamme im Raum erzeugt.

Feuer erhellt und gibt uns Wärme. Wir sind von dem Flammenspiel fasziniert und wissen, dass wir diese Helligkeit und die Wärme an andere weitergeben können.
Auch wenn das heutige Osterfeuer aus dem heidnischen Frühlingsfeuern stammt, kennen wir erste Osterfeuer unserer Art schon seit dem Jahr 750 nach Christus, wie wir aus französischen Überlieferungen wissen.
Das Osterfeuer hat heute seinen festen Platz in der Feier der Osterliturgie. Es brennt bereits bevor sich der neue, der alles verändernde Tag erhebt.

Aus ihm wird die Flamme genommen, mit der der Priester die neue, gesegnete Osterkerze entzündet, und von der letztlich das Licht über alle Gottesdienstbesucher in die Kirche und später in die Häuser gebracht wird.
Licht und Wärme. Der neue Tag, das erste Morgenlicht macht sich auf, die Dunkelheit der vergangenen Tage weit fort zu schicken. Das neue Leben, das keine Vergänglichkeit mehr kennt, bricht herein und mit ihm die Wärme

dieses Lebens in unsere Herzen. Hier soll dieses Feuer der Liebe immer und an jedem Tag zu spüren sein – für uns selbst und für alle, mit denen wir beisammen sind.

Stockbrot und Lagerfeuerromantik

Wenn schon ein schönes Feuer entfacht ist, wie das zum Ostermorgen, dann bietet es sich an, sich daran auch nach der Auferstehungsfeier zu wärmen, zusammenzubleiben und miteinander ins Gespräch zu kommen.
In vielen Kirchengemeinden erhalten die Gottesdienstbesucher am Ende als kleines Zeichen der Auferstehungsfreude bunte, gekochte Eier geschenkt, die gleich anschließend am Feuer gepellt und gegessen werden können. Manche öffnen auch ihr Osterkörbchen und holen kleine Salzstreuer oder ein Stück Brot zum Ei hervor.
Das Osterfeuer möchte die Menschen zusammenbringen, denn in dieser Stunde haben alle Grund, sich zu freuen, sich mit anderen auszutauschen, Freundschaften zu pflegen.
Für die kleinen aber natürlich auch die größeren Gottesdienstbesucher können Gemeindemitglieder Teig für Stockbrot vorbereiten.

Folgendes Rezept (für 20 Personen) eignet sich dafür recht gut:

1 Päckchen Hefe
600 ml lauwarmes Wasser
1 kg Mehl oder Dinkelmehl
2 TL Kräutersalz
2 TL Salz
1,5 TL Zucker

Das Mehl in eine Schüssel geben. Eine Mulde formen, den Zucker und die Hefe dazu bröseln. Vorsichtig mit etwas Wasser verrühren, dann das restliche Wasser und das Salz hinzugeben, bis sich ein glatter Teig gebildet hat, der sich von der Schüssel löst. Nun den Teig zugedeckt rund eine Stunde gehen lassen.
Danach wird der Teig portioniert und jeweils zu einer Rolle geformt, die um einen längeren, nicht zu dünnen Stock gewickelt wird. Wichtig ist, dass die Kinder und Erwachsenen nicht zu nah ans Feuer herangehen (Rauch- und Verbrennungsgefahr!)
Am besten den Stock mit dem ummantelten Teig über die Glut oder über die Flammen des Osterfeuers halten, jedoch nicht direkt in die Flammen. Wenn sich der Teig leicht vom Stock lösen lässt, ist das „Brot" fertig gebacken und hat nach fünf bis zehn Minuten eine schöne hellbraune Farbe angenommen.

Auf diese Weise lässt sich das Zusammensein nach dem Gottesdienst auch für die Kleinsten spannend und lecker gestalten.

Das Osterfrühstück

Das gemeinsame Frühstück in der Familie gehört schlicht und einfach zum Ostersonntag.
Hier finden die gesegneten Waren aus dem Körbchen nun den Weg auf den Tisch.
Auch wenn wir eher nicht daran denken, so bilden wir doch mit unserem Beisammensein eine Gemeinschaft wie die der Jünger, die sich zusammengefunden hatten und bereits die gute Nachricht von Jesu Erscheinen erhalten haben.
Gemeinschaft tut gut. In ihr fühlen wir uns geborgen und sicher. In ihr können wir so sein, wie wir sind, müssen keine Masken tragen, können wir einfach wir selbst sein – beim Essen, Trinken und Reden über Gott und die Welt.
Gerade am Osterfrühstück kommen die bunten Ostereier nun zahlreich auf den Tisch. Für die Kinder ist es dabei ein großer Spaß, sie nicht einfach zu schälen, sondern sich beim Eier-Kicken zu messen, wer die stärkste Eierschale aufweisen kann.
Die Spielregeln sind recht einfach zu erklären: Jeweils zwei Spieler nehmen ein gekochtes Ei in ihre Hand, wobei beide entweder die obere oder die untere Ei-Seite nach vorne zeigen lassen. Auf ein Kommando werden beide Eier aufeinander gestoßen und es wird nachgeschaut, wessen Eischale unbeschadet geblieben ist. Der Sieger tritt sodann gegen den nächsten Herausforderer an, während der Unterlegene in Ruhe bereits sein Osterei schälen darf.

Was heißt das – Jesus hat den Tod überwunden?

Ein Zwiegespräch:

„Hm, eigentlich klingt es ganz einfach, dass Jesus stirbt und dann lebt er plötzlich wieder."

„Das klingt vielleicht so, aber einfach war es für ihn bestimmt nicht."

„Aber als Sohn Gottes muss er ja keine Schmerzen erleiden und da ist es sicher nicht ganz so schlimm gewesen, als wenn ein normaler Mensch so einen Tod am Kreuz erleiden müsste."

„Einerseits hast du recht, Jesus ist Gottes Sohn und Teil der Heiligen Dreifaltigkeit. Aber er war trotzdem ganz und gar Mensch. Auch er kam als Baby auf die Welt und wurde erwachsen mit allen Stationen eines menschlichen Lebens. Er war Mensch mit allen Gefühlen und allen Sinnen; er hatte Angst wie wir und die Schmerzen, die er aushalten musste, waren die eines Menschen. Für ihn gab es da keine Pluspunkte oder Weichmacher."

„Okay, ich verstehe; ansonsten wäre es ja nur ein Spiel gewesen und nicht echt."

„Du sagst es."

„Aber eigentlich geht das ja nicht, dieses Von-den-Toten-Aufer-stehen!?"

„Nein, eigentlich geht das nicht; wenn du von vornherein kein ewiges Leben hast, dann wirst du geboren, lebst und wirst eines Tages sterben. Und nun kommt Jesus ins Spiel und natürlich Gott. Gott möchte, dass wir Menschen ewig leben; dass wir ein Leben bei und mit ihm führen."

„Aber trotzdem müssen wir hier erst einmal sterben?"

„Ja! So wie es Jesus eben auch durchstehen musste. Aber er hat diesen Tod überwunden. Mit ihm können die Menschen nun wieder an den Gedanken des Paradieses anknüpfen. Er nimmt die alte Erdschuld von den Schultern der Leute, und somit all das Trennende zwischen Mensch und Gott hinweg. Das konnte nur Jesus."

„Das reicht also schon ganz schön weit in die Menschheitsgeschichte zurück, was?"

„Ja, absolut. Und er war auch das letzte Opfer, das für Gott dargebracht wurde. Sein Blutvergießen hat die Kluft zwischen Mensch und Gott gereinigt."

„Warum gab es diese Kluft?"

„Sie entstand, weil Menschen sich von Gott abgewandt haben. So wurde aus einem wunderbaren Garten Eden eine Wüste – aber das alleine ist es nicht; Gott drängt sich nicht auf, ihn lieben zu müssen; ein Problem gibt es erst dann, wenn Menschen auf alle Werte und Normen eines menschlichen Miteinanders pfeifen und nur noch sich selbst sehen."

„Es ist nicht immer einfach, sich hundertprozentig auf Gott einzulassen. Auch wenn man sich anstrengt, macht man immer wieder Fehler. Ist dann diese Kluft wieder da?"
„Ich würde mir an deiner Stelle keine Gedanken darüber machen, wenn dir der ein oder andere kleine Fehler passiert. Weil Jesus selbst Mensch war, weiß er, dass ein Leben nicht einfach zu führen ist. Und für diese Fehler, die dir jetzt oder später passieren, hat Jesus ebenso gut vorgesorgt. Auch dafür hat er den Tod überwunden."

„Danke dir, das klingt wirklich ermutigend."

„Ostern ist ein großes Geschenk und man darf es mit Freude entgegennehmen, ein Leben lang behalten und zudem gerne weiterschenken."

Mein persönliches Osterfest

Habe ich mich eigentlich schon einmal an den Ostertagen gefragt, welche Auswirkungen Jesu Geschichte für mich hat?

Mein ganz persönliches Osterfest kann ich als Startschuss für mein weiteres Leben nehmen. Auch ich erhalte die Chance, Altes abzustreifen, zu verabschieden und mich wieder neu zu orientieren.

Ostern kann wie ein Steg sein; ich gehe ganz selbstbewusst auf den hölzernen Brettern und weiß, dass ich von diesen sicher getragen werde. Aber dann hört der sichere Steg irgendwann einmal auf und abrupt stehe ich an der Kante, die mich nur noch einen Schritt vom Wasser trennt. Auf einmal ist die Sicherheit vorbei, es beginnt etwas Neues, dann muss ich mich entscheiden, ob ich schwimmen mag, und vielleicht das Schwierigste dabei ist: Wo wird mein Ziel sein und kann ich es erreichen?

Mit dem Karfreitag endet der sichere Weg. All das, was wir vom Leben wissen, ist nun nichts mehr wert und liegt vergangen hinter uns. Wir können dieses alte Leben nicht halten.
Und jetzt liegt es an mir: Wie sehe ich Ostern?
Ist es die Chance, ein ganz neues Leben zu beginnen, oder traue ich mich nicht, den alten Steg zu verlassen?
Solange wir hier leben, können wir unseren Steg weitergehen, aber wir können unseren Steg schon in unserem Leben so wählen, dass er auf Jesus hinzeigt; denn Jesus gibt uns ganz klar ein Bild von unserem Ziel nach dem bekannten Steg. Und wenn wir ihm ganz genau zuhören, dann wissen wir, dass der noch so optimal gebaute hiesige Steg nicht im Geringsten mit dem zu vergleichen ist, den wir nach unserer eigenen Auferstehung einmal betreten werden.
So kann mein persönliches Osterfest mir Jahr für Jahr wieder die Freude schenken, dass Jesus den einen Weg für mich vorbereitet, den ich einmal gehen werde, und ich mir für den aktuellen keine Sorgen machen brauche.

Ostern ist wie ...

Das Erwachen
Des Dunkels tiefen Sog entrissen,
der Stille Einhalt gewährt,
haschen grell, laute Blitze
zum grau, mageren Geflecht am
wohl getränkten Boden.
Das Licht
Der feuchte Atem des Wassers,
zieht durch das dürre Geäst
schon fast wehmütig hinweg.
Der Tod
Wie reglos er alles gestalten ließ,
ist bezwungen vom erwachenden Treiben
des aufgekommenen Trubels,
und hereinbricht
Das Leben.

Ostern ist pure Freude

„Höre mich, Herr, sei mir gnädig! Herr, sei du mein Helfer! Da hast du mein Klagen in Tanzen verwandelt, hast mir das Trauergewand ausgezogen und mich mit Freude umgürtet. Darum singt dir mein Herz und will nicht verstummen. Herr, mein Gott, ich will dir danken in Ewigkeit." (Ps 30,11-13)

Dieser Vers passt ziemlich gut, wenn wir Ostern mit purer Freude gleichsetzen. Vorher stand das Klagen an, Unrecht ist geschehen und wir sind in tiefe Trauer gefallen.
Und wir würden uns heute noch, in Sachen Glauben, in Trauer hüllen, wenn Jesus nur gestorben wäre. Dann wäre das Christentum schnell wieder vergessen gewesen. Jesu kurzes Wirken wäre als Wimpernschlag in der langen Zeit der Erdgeschichte eingegangen. Aber nein, von diesem Grab, ein Symbol dafür, dass ein Leben vorüber ist und der Tote darin seine letzte Ruhestätte erhält, beginnt der Aufbruch in eine neue Dimension. Der einst Tote liegt hier nicht mehr – sein Platz ist nicht mehr bei den anderen Verstorbenen, sondern bei den Lebenden.
Es ist überstanden, nun dürfen wir dankbar sein, jetzt können wir wieder lachen und singen und tanzen. Jetzt beginnt auch wieder unser eigenes richtiges Leben. Der Psalm fasst die Osterfreude wirklich gut zusammen.

Die Angst der Jünger

So, nun ist Jesus tatsächlich gestorben und liegt in diesem Steingrab begraben. Die Jünger Jesu, die ihm so lange Zeit nachgefolgt waren, bleiben auf einmal ohne ihren Anführer, ihren Herrn und Meister zurück. Was nun?
Unsicherheit, Traurigkeit, vielleicht auch Wut machen sich breit unter ihnen. Und sie werden sich fragen, wie es weitergehen soll.
Bei Johannes 20,19 steht, dass sich die Jünger aus Furcht vor den Juden eingeschlossen hatten. Kein öffentliches Auftreten mehr. Nein, sie haben sich zurückgezogen und müssen sich erst einmal wieder sammeln und überlegen, wie es überhaupt weitergehen wird.
Möglicherweise haben einige erwogen, wieder in ihr altes Leben zurückzukehren, so zu tun, als wäre die Zeit mit Jesus zwar ganz nett, aber halt auch nicht mehr gewesen. Es wäre womöglich auch viel zu schön gewesen, wenn es nun wirklich jemand geschafft hätte, dieses tolle, neue Reich Gottes in die Welt zu bringen.
So sitzen sie nun beisammen, hängen ihren eigenen Gedanken nach oder tauschen sich aus, als plötzlich am Abend des Sonntags Jesus bei ihnen auftaucht. Auf einmal ist er da.
„Friede sei mit euch!“ (Joh 20,19) Damit reißt er sie aus ihrer Schwermut und durchbricht den erstickenden Tonus der Ängstlichkeit. Er zeigt sich ihnen mit seinen Verletzungen, damit ihnen neben dem Herzen auch die Augen aufgehen. Jetzt ist nicht die Stunde, sich zurückzuziehen, nun ist die Zeit gekommen, möglichst viele Menschen auf den Weg hin zu Gott zu bringen. Jesus reicht den Menschen die Hand, um sie für ein Leben bei Gott zu gewinnen.

Und die Jünger erhalten nun umgehend ihre Mission: *„Wie mich der Vater gesandt hat, so sende ich euch."* (Joh 20,21) So reißt er sie aus ihrem Trübsal und aus ihrer Angst. Nun ist es an der Zeit, dass die Männer Jesu Lehre, die frohe Botschaft, in die Welt tragen. Nun werden sie gefordert, sich ihren Ängsten zu stellen, sie zu überwinden und finden so den Weg zu ihrer persönlichen Bestimmung.

Thomas, der Ungläubige

„Thomas, genannt Didymus (Zwilling), einer der Zwölf, war nicht bei ihnen, als Jesus kam.
Die anderen Jünger sagten zu ihm: Wir haben den Herrn gesehen. Er entgegnete ihnen: Wenn ich nicht die Male der Nägel an seinen Händen sehe und wenn ich meinen Finger nicht in die Male der Nägel und meine Hand nicht in seine Seite lege, glaube ich nicht.
Acht Tage darauf waren seine Jünger wieder versammelt und Thomas war dabei. Die Türen waren verschlossen. Da kam Jesus, trat in ihre Mitte und sagte: Friede sei mit euch!
Dann sagte er zu Thomas: Streck deinen Finger aus – hier sind meine Hände! Streck deine Hand aus und leg sie in meine Seite und sei nicht ungläubig, sondern gläubig!
Thomas antwortete ihm: Mein Herr und mein Gott!
Jesus sagte zu ihm: Weil du mich gesehen hast, glaubst du. Selig sind, die nicht sehen und doch glauben." (Joh, 20,24-29)

Thomas konnte es nicht bezeugen, dass Jesus tatsächlich von den Toten auferstanden war. Ausgerechnet er war in jener Stunde nicht anwesend oder vielleicht sollte es ja auch so sein.

Wir sind Menschen, die gerne sehen und fühlen wollen, ob etwas richtig und so auch greifbar, ja wahrhaftig ist. Und so ergeht es Thomas damals auch. Wir möchten uns gerne selbst ein Bild von einer Tatsache machen, als uns auf die Meinung und die Aussagen von anderen zu verlassen. Denn: Wer ist heute schon ein verlässlicher Zeuge?! Und schon beginnen die Zweifel und mit ihnen kommen Gedanken, die all das Gesagte überprüfen und auf Schwachstellen kontrollieren wollen.
Und dann stellt sich Jesus persönlich seinem Jünger und konfrontiert ihn mit seinen Zweifen, die er nun getrost ablegen kann.
„Mein Herr und mein Gott“ (Joh 20,28), und von da an war die Grundlage gefestigt, dass Jesus wirklich der Messias ist, dem er bedingungslos nachfolgen würde bis hin zu seinem Märtyrertod in Indien um das Jahr 72. Thomas, ein Verfechter des Glaubens, einer der diese gute Nachricht in die entlegensten Regionen der Welt bringen wollte, um den Glauben weiterzugeben.
Aus seinem Zweifel wird glühende Hingabe, anderen Menschen, denen, die nicht das Glück hatten, den Auferstandenen zu berühren, von Jesus zu erzählen.
So bleibt Thomas nicht nur derjenige, der als Zweifler oder Ungläubiger in die Geschichte eingegangen ist, sondern als glühender Verfechter, der es eigentlich hätte besser wissen sollen – aber für uns, die wir heute leben, ist dieser Zweifler unabdingbar. Wir brauchen Thomas, weil wir auch unser Nicht-Glauben-Können so oft verspüren. Wenn wir uns in unseren Unsicherheiten an Thomas erinnern, dann wird uns bewusst, dass Jesus uns in diesen Momenten direkt anspricht und sagt: *„Selig sind, die nicht sehen und doch glauben.“* (Joh, 20,29). Dann wird klar, dass

wir antworten können wie Thomas: „Ja, ich glaube! Es ist wahr und ich brauche mich nicht verunsichern lassen, dass mein Glaube an Jesus unbedingt richtig ist."

Meine Zweifel

Ich sehe und erkenne doch nicht viel. Ich meine zu wissen, und doch weiß ich es nicht. Ich würde gerne, doch dann gehen manche Wünsche wieder unter. Ich wollte doch so gerne, aber dann wage ich mich aus meiner Komfortzone nicht hinaus.

Allzu gut kenne ich es von mir, Bedenken über mich selbst anzustellen. Wenn ich mir manches selbst nicht zutraue, wie sollten dann erst andere etwas besser machen können?
Herr, hilf du meinem Zweifeln auf die Sprünge!
Verwandle du diese Gedanken in einen Strauß der bunten Hoffnungen, aus dem das Leben quillt, und in einen positiven Funken, der in deine weite Herrlichkeit hineinreichen möge.
Nimm mir meine Zweifel, Herr! Niemand soll sich bei mir Gehör verschaffen, der sich anschickt, dein Leben, deinen Tod und deine Auferstehung nur für eine Geschichte zu halten, die man sich gern einmal im Jahr wieder erzählt.
Lass mich hingegen Zweifel säen, bei Menschen, die nicht glauben können, ob denn ein Leben ohne deine frohe Botschaft, eines ist, das sie gerne führen wollen.

Wo zwei oder drei …

„Wo zwei oder drei in meinem Namen versammelt sind, da bin ich mitten unter ihnen.“ (Mt 18,20)

Schon bevor Jesus in sein Leiden ging, gab er uns diesen aufbauenden und ermutigenden Satz mit. Wir Menschen gelten im Allgemeinen als „soziale Wesen“ und im Sozialen versteckt sich der Sozius, also der Gefährte bzw. die Gefährtin. Derjenige, mit dem wir unterwegs sind und unsere Zeit verbringen. Wir fühlen uns wohl in der Gemeinschaft, vor allem, wenn es Menschen sind, die ähnlich ticken wie wir, die vielleicht aber auch ganz an-

ders sind und in deren Gegenwart wir uns trotzdem wohl fühlen.
Einsamkeit ist manchmal schwer zu ertragen. Denken wir an das gemeinsame Wachen im Garten Getsemani, bei dem Jesus wollte, dass seine Jünger diese Zeit mit ihm verbringen.
So schließen wir Freundschaften, gehen Partnerschaften ein und gründen Familien oder möchten Teil von größeren Gruppen sein, in denen wir uns einbringen – ob in Vereinen oder in Gemeinden.
Allgemein sprechen wir dann vom Teamgeist, der uns beseelt, uns voranbringt und glücklich macht. In diesem Geist erleben wir Gott und wenn wir ihn dabei mit einbeziehen, dann spüren wir nochmals tiefer die Gegenwart Gottes.
Dieses Erleben bringt uns voran, dieser Geist hat großes Potenzial und wir können so unheimlich viel bewirken.
Diese Kraft sollten wir nicht unterschätzen und uns ihr vor allem nicht berauben, wenn wir sie schon so zugesagt bekommen.

Ein Gebet

Mein Glaube lässt sich nicht beirren. Du, Herr, bist immer für mich da.
Im kurzen Gespräch. In meinen Gedanken. In Stoßgebeten. Wenn ich singe. Wenn ich alleine bin, wenn ich mit einem, zwei oder mehreren Menschen zusammen bin. Zuhause. Im Gottesdienst. Auf all meinen Wegen. In der Begegnung mit meinen Freunden,

Kollegen und Menschen, die ich auf der Straße treffe.
In guten und schlechten Zeiten. In der Stadt und in der
Natur. Wenn ich absolut gesund bin oder auch richtig
krank. Manchmal ist mein Glaube auch schwer, wenn
ich nicht weiß: Warum? Wieso? Wohin?
Aber ich vertraue auf deine Liebe, dein Wort und deine
Gegenwart. So wie gerade jetzt und hier.

Aus Freude

Im Psalm 149,3 heißt es: *„Seinen Namen sollen sie loben beim Reigentanz, ihm spielen auf Pauken und Harfen.“*

So wird überliefert, wie König David vor Freude tanzte, als die Bundeslade wieder nach Jerusalem zurückgebracht wurde. Vor Freude und zur Ehre Gottes.
Die Bibel sagt uns, dass es für alles eine Zeit gibt. So erleben wir einen ständigen und bestimmten Rhythmus; oftmals ganz unbemerkt, aber dennoch unentwegt. Das Schlagen unseres Herzens; unser Lebensimpuls; einmal langsam, einmal schneller, gelegentlich auch rasend vor Angst, Anstrengung oder vor tiefer Freude. Doch meistens gleichmäßig – so wie gerade im Moment; jetzt, wenn wir in uns hineinhören.

Wir haben unseren Rhythmus, wir leben den größten Teil darin; ein Rhythmus für den Alltag, begonnen beim Aufwachen, der Arbeit oder der Schule untertags, hin zum Abend und Schlafen gehen; Tag und Nacht; unser Rhytmus in dem wir leben, in den wir eingebettet sind.

- Wo bin ich eingebettet?
- Was ist für mich ein besonderer Rhythmus?
- Aus welchem Rhythmus würde ich mich gerne einmal ausklinken?
- Welcher ist mein Lieblingsrhythmus?

In der Musik nehmen wir den Rhytmus in besonderer Weise wahr. Und im Tanz zeigen wir den Ausdruck darüber – heute wie damals. Die Musik als wunderbares Mittel, als Verstärker, um Rhytmus zu visualisieren, aus einem Gefühl eine Gestalt erwachsen lassen. Für uns als Menschen ein Symbol, woraus wir geschaffen sind.
Geschaffen in eine Welt, so wie sie sich Gott vorgestellt und geschaffen hat. Mit Tagen und Nächten; einem Kommen und Gehen; einem Blühen und Verwelken; einem Wachsen und Vergehen. Nach dem Regen scheint die Sonne; nach der Hitze folgt die Kälte.
Ein Rhytmus, mehrere oder unzählige Rhytmen Tag für Tag; die, die wir selbst wahrnehmen und die, die um die gesamte Erde gespannt sind.

Herr, unser Gott, du begleitest uns den ganzen Tag hindurch. Du schenkst uns Vertrauen und Kraft. Du hältst immer mit uns Schritt, du bist der Takt in unserem Leben; du schwingst mit deinem Geist in unseren Gedanken, Worten und Liedern; du beseelst unseren Rhythmus und gibst uns Sinn. Darüber können wir voll Freude sein, ja tanzen, wenn wir das möchten. Danke, dass du uns stets umgibst. Amen.

Tradition Osternester bauen

Wenn der Osterhase am Ostersonntag denn tatsächlich nach Hause kommen soll und Leckereien, Schokoeier oder kleine Geschenke dabei hat, dann soll er auch genau wissen, wo er diese Gaben ablegen kann.
Aus diesem Grund tüfteln Kinder im Laufe der Karwoche fieberhaft daran, sich Gedanken darüber zu machen. Zunächst muss ein geeigneter Platz in der Wohnung

gefunden werden; er darf nicht zu abgelegen sein, sondern soll sehr einladend wirken. Vielleicht, wenn das Wetter mitspielt, kann man auch im Garten einen schönen Platz suchen, an dem man dem Osterhasen signalisiert, dass hier der Platz für ihn vorbereitet ist.
Wenn der beste Platz auserkoren ist, machen sich die Kinder darüber Gedanken, auf welche Art und mit welchem Material sie nun diese Osternester gestalten wollen.
Im Garten bietet es sich an, ein Nest mit weichem Moos auszulegen, das man entweder von der Wiese oder im Wald gesammelt hat. Zapfen von Nadelbäumen können beispielsweise als Umrandung dienen. Und schon ist der ideale Platz als Signal der Einladung an den Osterhasen geschaffen. Gerne dürfen Kinder aber beim Bau ihrer Fantasie freien Lauf lassen, mit den Materialien spielen und zum Beispiel Zäune aus Holzstäbchen und langen Grashalmen bauen und flechten. Im Innenbereich können Kinder sich auch mit Farben austoben, mit Papier basteln und müssen keine Angst haben, dass ein möglicher Regenschauer im Laufe der Karwoche alle Kunst zunichtemacht.
Sobald Kinder ihr Osternest fertig gestaltet haben, können die Eltern wunderbar beobachten, wie ihre Kinder immer wieder zu diesem schlendern, schauen, ob noch alles schön drapiert und ausgelegt ist, und ob sich vielleicht schon etwas getan hat und sich möglicherweise bereits Spuren vom Osterhasen erkennen lassen. So steigt schon bei den Kleinsten im Laufe der Karwoche die Freude an, dass in Kürze Ostern vor der Türe steht.

Ostern fordert meinen Glauben heraus

Vom Apostel Thomas haben wir erfahren, wie schwer es sein kann, sich auf einen Glauben verlassen zu müssen. Und außerdem: Wem kann man denn heute überhaupt noch etwas glauben? Demjenigen, dem wir uneingeschränkt und absolut blind vertrauen können, ist Jesus. Er stellt sich dem Unglauben und dient uns als Beispiel für unser Leben heute!
Und nun komme ich selbst ins Spiel: Was und woran glaube ich?

Impulse für mich:

- Was heißt Glaube für mich?
- Gehört mein Glaube im Alltag zu meinem Leben?
- Was berührt mich besonders an meinem Glauben?
- Bin ich zufrieden mit meinem Glauben?
- Brauche ich eine Gemeinschaft zum Glauben?
- Wer ist Jesus für mich?
- Habe ich Menschen, mit denen ich meinen Glauben teilen kann?

Gedanken zum Glauben ...

Ich darf glauben, weil mich Jesus liebt!

Ich bin ein Kind Gottes und Gott möchte, dass es mir gut geht.

Wo zwei oder drei in meinem Namen versammelt sind, da bin ich mitten unter ihnen. (Mt 18,20) Lebe deinen Glauben mit anderen. Teile die frohe Botschaft mit ihnen.

Ich darf jederzeit mit Gott sprechen. Er freut sich immer, wenn ich für ihn Zeit habe.

Jesus glaubt an mich. Er ermutigt mich, meinen Weg zu gehen und meine Talente einzusetzen.

Mein Glaube ist ein Geschenk von Gott. Ich darf mein Leben auf ihn ausrichten und werde irgendwann mein Leben bei ihm verbringen.

Glauben lebt vom „Gelebt-Werden". Ich darf meinen Glauben nach außen tragen und ihn mit anderen teilen.

Mein Glaube entwickelt sich. Ich baue immer stärker eine Beziehung zu Gott auf. So wächst Vertrauen und gibt mir darin immer mehr Sicherheit.

Mein Glauben gibt mir Kraft für alle Aufgaben, die ich zu bewältigen habe.

Unser Glaubensbekenntnis

Als Christen wollen wir den Glauben an Gott nicht nur für uns selbst behalten, sondern ihn auch hinaus in die Welt tragen. Aber auch in der Gemeinschaft der Glaubenden untereinander verleiht es allen ein Gefühl von Zutrauen und Vertrauen, gemeinsam vor Gott seinen Glauben zu bekräftigen und damit zu bezeugen: Ja, wir sind Kinder Gottes und wir glauben aus Überzeugung.

Ich glaube an Gott, den Vater, den Allmächtigen,
den Schöpfer des Himmels und der Erde, und an Jesus
Christus, seinen eingeborenen Sohn, unseren Herrn,
empfangen durch den Heiligen Geist,
geboren von der Jungfrau Maria, gelitten unter
Pontius Pilatus, gekreuzigt, gestorben und begraben,
hinabgestiegen in das Reich des Todes, am dritten
Tage auferstanden von den Toten, aufgefahren in den
Himmel; er sitzt zur Rechten Gottes,
des allmächtigen Vaters, von dort wird er kommen, zu
richten die Lebenden und die Toten.
Ich glaube an den Heiligen Geist, die heilige katholische
Kirche, Gemeinschaft der Heiligen, Vergebung der
Sünden, Auferstehung der Toten und das ewige Leben.
Amen.

Eine besondere Beziehung

Ich habe dein Wort gehört, aber im Trubel des Alltags ist es untergegangen.
Du hast mir ein Zeichen geschickt, doch ich dachte, das wäre sicher keines von dir.
Du glaubst an mich, tagein tagaus, doch ich selbst mag das nicht glauben.
Du hast mich angenommen, ganz so, wie ich bin, doch ich zweifle an mir und hadere, weil andere genau das können und besitzen, das ich so gerne hätte.
Du hättest so viele Gründe, unzufrieden mit mir zu sein, doch du hältst trotzdem nach wie vor zu mir.
Weil du weißt, was wirklich Liebe ist und dass sie niemals umsonst mein Herz anfüllt. Immer mehr, stetig und ohne Pause. Worte, Zeichen, Liebe – wie sehr du mich beschenkst!
In meinem Herzen fühle ich, wenn du, Gott, mich berührst. Immer mehr, stetig und immer öfters, ohne Pause.
Dafür danke ich dir, Herr.

Unterwegs nach Emmaus

„Während sie redeten und ihre Gedanken austauschten, kam Jesus hinzu und ging mit ihnen. Doch sie waren wie mit Blindheit geschlagen, sodass sie ihn nicht erkannten. Er fragte sie: Was sind das für Dinge, über die ihr auf eurem Weg miteinander redet? Da blieben sie traurig stehen, und der eine von ihnen – er hieß Kleopas – antwortete ihm: Bist du so fremd in Jerusalem, dass du als einziger nicht weißt, was in diesen Tagen dort geschehen ist?

Er fragte sie: Was denn? Sie antworteten ihm: Das mit Jesus aus Nazaret. Er war ein Prophet, mächtig in Wort und Tat vor Gott und dem ganzen Volk.
Doch unsere Hohenpriester und Führer haben ihn zum Tod verurteilen und ans Kreuz schlagen lassen.
Wir aber hatten gehofft, dass er der sei, der Israel erlösen werde. Und dazu ist heute schon der dritte Tag, seitdem das alles geschehen ist." (Lk 24,15-21)
Zwei aus der Jüngerschar hält es nicht mehr in Jerusalem. Was sollen sie da noch? Der Herr ist gestorben und zu allem Überfluss wurde der Leichnam nicht mehr aufgefunden. Waren nun ihre Hoffnungen komplett dahin?
Sie brechen auf; am dritten Tag seit dem Tode Jesu – und noch immer ist nichts geschehen. Denn wenn Gott handeln würde, dann immer am dritten Tage – aber bislang gab es kein Anzeichen dafür.
Und dieser Fremde, der ihnen im Laufe des gemeinsamen Weges die Schriften auslegt, ist für sie schließlich so interessant, dass sie ihn nicht gehen lassen, sondern mehr Zeit mit ihm verbringen möchten und den Mann bitten, bei ihnen zu bleiben.

Beim Segnen des Brotes fällt es ihnen letztlich wie Schuppen von den Augen und sie können auf einmal erkennen, was ihr Herz bereits vorher wahrgenommen hat: Es ist kein Fremder, mit dem sie zu Tisch sitzen, sondern es ist ihr Herr – Jesus Christus selbst!

„Und als er mit ihnen bei Tisch war, nahm er das Brot, sprach den Lobpreis, brach das Brot und gab es ihnen. Da gingen ihnen die Augen auf und sie erkannten ihn; dann sahen sie ihn nicht mehr. (Lk 24,30-31)

Und sie trotzen jeder Vernunft und machen sich umgehend auf den Rückweg nach Jerusalem, um den anderen Jüngern zu erzählen, dass Jesus tatsächlich lebt.

Was können wir heute von dieser berühmten Geschichte über die Emmaus-Jünger oder den Emmaus-Gang mitnehmen?

Die Jünger sprachen von dem brennenden Herzen, das sie jeweils bei sich wahrgenommen hatten. Sie waren im Grunde ja schon bereit, Jesus zu erkennen, aber dann doch auch wieder nicht. Bevor ihre Augen das sehen konnten, was real vor ihnen lag, hatte es ihr Herz schon längst gewusst.

Wir können aus dieser Erfahrung mitnehmen, dass wir uns wirklich auf unser inneres Gefühl und unser Herz verlassen sollten. Unser Herz sieht tiefer als es unsere Augen tun. Auch die beiden Jünger erhalten durch den visuellen Moment des Brotbrechens zusammen mit den Segensworten die Bestätigung, was sie längst schon gewusst hatten.

Dieses Wissen hilft uns heute ungemein für unseren persönlichen Glauben. Machen wir unsere Herzen bereit für die Worte Gottes und für das Wirken des Heiligen Geistes. Auf diese Weise werden wir zu Sehenden und Wissenden im Glauben.

Der Jünger, den Jesus liebte

Viel wird bis heute spekuliert, um welche Person es sich handeln mag, wenn er im Neuen Testament, im Johannesevangelium, öfters erwähnt wird.
So findet sich dieser Jünger auch unter Jesu Kreuz ein. Er ist der, der keine Angst hat, dass man ihm auch etwas antun könnte. Er ist ein wahrer Freund, auf den Jesus auch bis zu seinem letzten Atemzug zählen kann.
Die Bibel hüllt sich in Schweigen über seinen Namen, und so hat sich eine Spekulation über diese Person herausgebildet, die meint, dieser Jünger könnte der Prototyp eines Freundes Jesu sein. Dieser Freund kann jeder Christ, jede Christin sein.
Ein interessanter Gedanke, den wir in der Form gerne einmal auf uns selbst anwenden können.

Wäre ich so ein Jünger oder so eine Jüngerin, die Jesus liebt?

Bin ich bereit, Jesus bis unter dieses Kreuz zu folgen?

Was kann ich Jesus in dieser Freundesbeziehung geben?

Wunder heute

Wenn ich nicht wüsste, dass Gottes Schöpfung ein einziges Wunder ist, woran würde ich erkennen, wenn jemand von Wundern sprechen sollte?
Wir leben in dieser Wunderwelt oder vielleicht eher in der, die wir uns noch gelassen haben. Manchmal gibt es

Kalender und Bilderserien, die den ungefähren Namen tragen: Die letzten Paradiese der Welt. Dann sehen wir Traumstrände, wilde Tiere in freier Natur, tosende Wasserfälle oder Szenarien aus unterschiedlichsten Nationalparks.
Und trotzdem wirkt Jesus auch heute noch Wunder, auch wenn wir sie oft nicht mehr wahrnehmen, weil zu vieles, wie schlechte Nachrichten oder falsche Beziehungen Einfluss auf uns nehmen und uns so von diesen Wundern ablenken.
Wunder heute – wenn Menschen wieder aufeinander zugehen, sich die Hand reichen und vergeben.
Wunder heute – wenn wir über unseren Tellerrand blicken und die Not der anderen wahrnehmen und anpacken.
Wunder heute – wenn wir Frieden stiften mit Worten, Taten oder nur mit einem Lächeln.
Wunder heute – gibt es durch Jesu Geist inspiriert überall und ständig. Machen wir dafür unsere Augen und unsere Herzen auf. Machen wir unsere Welt wunderbar ...

Ein neuer Körper

„Gesät wird ein irdischer Leib, auferweckt ein überirdischer Leib. Wenn es einen irdischen Leib gibt, gibt es auch einen überirdischen. So steht es auch in der Schrift: Adam, der Erste Mensch, wurde ein irdisches Lebewesen. Der Letzte Adam wurde lebendig machender Geist.“ (1 Kor 15,44-45)

Jesus ging uns allen voran; nun wissen wir, dass auch wir diesen neuen, ja, wie es im ersten Brief an die Gemeinde von Korinth heißt, überirdischen Körper dank Jesu erhalten werden. Jesus schreibt für uns und für jeden Einzelnen eine ganz persönliche Lebensgeschichte, die wir letztlich in das Haus Gottes mitnehmen werden. Jesus macht alles neu, er wird uns eines Tages erneuern, damit wir mit ihm in seiner Herrlichkeit leben.

Jesus geht – sein Geist bleibt

„Aber ihr werdet die Kraft des Heiligen Geistes empfangen, der auf euch herabkommen wird." (Apg 1,8)

Jesu Zeit des Abschieds ist gekommen. Sein Wirken überträgt er nun seinen Jüngern und in erster Linie Simon, dem er ja mit dem Namen Petrus, dem Fels, eine besondere Rolle zumisst. Er wird in der Nachfolge das Fundament der jungen christlichen Kirche darstellen. Ein Fundament aus dem sich letztlich eine der großen Weltreligionen bis heute herausgebildet hat.
Oft fragen wir uns, was denn der Heilige Geist eigentlich sei und wie man ihn erkennen könne?
Wir erkennen ihn, so wie Jesus es den Aposteln gesagt hat, an seiner Stärke und an der Kraft. Er verleiht Menschen einen sicheren Stand, gibt ihren Worten Nachdruck. Er begeistert uns selbst und Menschen, die mit ihm in Berührung kommen. Wenn wir sagen, dass wir ihn nicht sehen, mag das oftmals stimmen, aber wir spüren ihn umso heftiger und können uns ihm nicht entziehen, wenn er uns herausfordert, für die Sache Jesu, für andere und für eine friedliche Welt einzustehen.
„Sendest du deinen Geist aus, so werden sie alle erschaffen und du erneuerst das Antlitz der Erde.“ (Ps 104,30)
Diesen Psalmvers kennen wir in verkürzter Form aus dem Gotteslob, wenn wir singen: „Sende aus deinen Geist und das Antlitz der Erde wird neu.“
Vielleicht fragen wir uns jetzt, warum sich das Gesicht der Erde nicht schon vielmehr erneuert hat, wenn wir sehen, dass noch zu viel Altes und Hässliches mit anzusehen ist? Andererseits müssen wir dann auch berücksichtigen, dass es so viel Gutes gibt, weil Menschen mit Gottes Geist versehen sich unermüdlich für eine bessere Welt einsetzen. Jesus braucht uns, damit sein Geist in uns und mit uns wirken kann.
Vielleicht ist das eine Botschaft, die Ostern speziell für mich bereithält.

Die Osterzeit

Insgesamt 50 Tage zählen zur Osterzeit, um sie mit ihren anstehenden Festen zu verinnerlichen und zu feiern.
Traditionell feiert die Kirche am ersten Sonntag nach Ostern den sogenannten *Weißen Sonntag*. Die Namensgebung rührt noch aus der frühen Zeit, als die an Ostern Getauften ihre weißen Gewänder wieder ablegten. Heute gilt der Weiße Sonntag als Startschuss für die Termine der Erstkommunionfeiern, in denen Mädchen und Buben nach ihrer Vorbereitungszeit in die Mahlgemeinschaft der Kirche aufgenommen werden.
40 Tage nach Ostern begehen wir das Fest *Christi Himmelfahrt* – und wir denken daran, dass Jesus in den Himmel aufgenommen wurde und den Menschen seinen Heiligen Geist zugesprochen hat.
Zum Abschluss der Osterzeit steht letztlich das Pfingstfest an. Wir erinnern uns an diesem Tag, dass der Heilige Geist auf die Jünger Jesu herabgekommen ist und nun in ihnen, aber ebenso in und durch uns wirkt.
Ostern schenkt uns einen ganz neuen und unmittelbaren Bezug zu Jesus. Im Zentrum dieser Tage erfahren wir die direkte und uneingeschränkte Liebe, die Jesus uns sogar

noch in seinen letzten Atemzügen herabsendet. Und sie endet nicht mit dem Tod, sondern erstrahlt mit dem Auferstandenen im Glanz und im Licht des neuen Bundes, den Jesus mit uns geschlossen hat. Welch einzigartige Dimension, die wir durch Ostern erfahren dürfen!

Im Lukasevangelium lesen wir über Jesus Abschied von der Welt:

„Dort erhob er seine Hände und segnete sie. Und während er sie segnete, verließ er sie und wurde zum Himmel emporgehoben; sie aber fielen vor ihm nieder. Dann kehrten sie in großer Freude nach Jerusalem zurück." (Lk 24,50)

In dem letzten Satz finden wir die Botschaft über Ostern nochmals zusammengefasst. Es bleibt die Freude!

Freude, dass Jesus lebt.

Freude, dass Jesus uns vorausgeht, damit wir ihm folgen können.

Freude, die wir in unserem Alltag spüren dürfen.

Freude, die unser Leben ganz durchdringen möchte.

Freude, die nicht nur uns glücklich macht, sondern die wir mit anderen teilen können.

Freude, die unstillbar ist, weil sie aus Gottes Quelle entspringt.

Zu guter Letzt

„Denn die Liebe Christi drängt uns, da wir erkannt haben: Einer ist für alle gestorben, also sind alle gestorben.
Er ist aber für alle gestorben, damit die Lebenden nicht mehr für sich leben, sondern für den, der für sie starb und auferweckt wurde.
Also schätzen wir von jetzt an niemand mehr nur nach menschlichen Maßstäben ein; auch wenn wir früher Christus nach menschlichen Maßstäben eingeschätzt haben, jetzt schätzen wir ihn nicht mehr so ein.
Wenn also jemand in Christus ist, dann ist er eine neue Schöpfung: Das Alte ist vergangen, Neues ist geworden."
(2 Kor 5,14-17)

Mit Ostern ist das Alte, sind die Sorgen von gestern komplett vergessen. Alles ist neu. Der Lebensatem beflügelt uns. Die Frohe Botschaft wird zu dem, was sie auch tatsächlich ist.

„Herr, du hast Worte ewigen Lebens." (Joh 6,68)

Wir dürfen dieses Neue und Frohe in unser Leben und in unseren Alltag übernehmen. Dieser Neuanfang gilt und wirkt fort. So bleibt uns zu guter Letzt zu sagen: Alles ist gut! Halleluja!

Abbildungsverzeichnis

Paulinus Verlag: S. 156.

Pixelio: S. 2 (M. Großmann), 6 (Reinhold Kiss), 17 (ScannerRenner), 22 (Claudia Hautumm), 84 (Andreas Hermsdorf), 87 (Cornerstone), 114 (Christian Roither), 122 (Esther Stosch), 124 (S. Hofschlaeger), 130 (Claudia Hautumm), 132 (Raphael Reischuk), 149 (angelina.s...k....), 162/163 (Cornerstone).

Shutterstock: S. 25 (design36), 28 (KonstantinChristian), 29 (GoneWithTheWind), 40/41 (Volodymyr Burdiak), 43 (Ryan Rodrick Beiler), 52 (furtseff), 55 (Brian A Jackson), 63 (Monkey Business Images), 70/71 (Renata Sedmakova), 78 (Peskova), 91 (Moravska), 108 (Smileus), 110 (Kamira), 112 (Konstantin Aksenov), 135 (Sergey Kan), 139 (Seksun Guntanid), 144 (BlueOrange Studio), 147 (MANDY GODBEHEAR), 155 (Gunnar Assmy), 158/159 (Marten_House), 160 (Alastair Wallace), 160/161 (Igabriela).

Wolfgang Ullmann: S. 9, 10, 23, 30, 33, 36, 38, 44, 47, 56, 61, 66, 69, 94, 116, 119, 123, 131, 133, 151, 161.

Impressum

Bibliografische Information der Deutschen Nationalbibliothek
Die Deutsche Nationalbibliothek verzeichnet diese Publikation in der Deutschen Nationalbibliografie; detaillierte bibliografische Daten sind im Internet unter http://dnb.ddb.de abrufbar.

1. Auflage 2017

Umschlagabbildung: Akos Nagy/Shutterstock
Paulinus Verlag, Trier
Layout und Satz: Annette Massing
Druck: repa Druck, Saarbrücken
ISBN 978-3-7902-1922-7
www.paulinus-verlag.de